Annegret Lamey

KIND UNBEKANNTER HERKUNFT

Die Geschichte des Lebensbornkindes Hannes Dollinger

mit einem Vorwort von Andreas Wirsching

Zu den Autoren:
Annegret Lamey lebt als Journalistin und Autorin in Neusäß bei Augsburg.
Prof. Dr. Andreas Wirsching ist Inhaber des Lehrstuhls für Neuere und Neueste Geschichte an der Universität Augsburg.

Bibliografische Information der Deutschen Nationalbibliothek
Die Deutsche Nationalbibliothek verzeichnet diese Publikation in der Deutschen Nationalbibliografie; detaillierte bibliografische Daten sind im Internet über http://dnb.d-nb.de abrufbar.

ISBN 978-3-89639-644-0

© Wißner-Verlag Augsburg 2008

Lektorat: Anna Batrla, Michael Friedrichs

VORWORT

In der neueren deutschen Geschichte gibt es keinen historischen Augenblick, in dem sich das persönliche Schicksal der einzelnen Menschen so zersplitterte wie am Ende des Zweiten Weltkriegs. Geriet der eine in Gefangenschaft, so wurde der andere befreit; während der eine nach Hause kam, verlor der andere seine Heimat. Solch extreme Gegensätzlichkeit der Einzelschicksale erschwerte lange Zeit die Erinnerung an das Kriegsende und die Verständigung darüber, welche Erfahrungshorizonte auf die Dauer die kollektive Erinnerung der Deutschen bestimmen sollten.

Tatsächlich hat kein Ereignis der neuesten Geschichte so tief in die Existenzen und privaten Schicksale der Menschen eingegriffen wie der Zweite Weltkrieg. In „normalen" Zeiten, an die sich heutige Nachkriegsgenerationen so umfassend gewöhnt haben, unterliegt die private Lebensführung gewöhnlich der eigenen Gestaltungsfreiheit. Sie kann von den Zeitbewegungen abgegrenzt und dem Zugriff des Staates entzogen werden. Im NS-Regime dagegen verkehrte sich diese Form der glücklichen Normalität in ihr Gegenteil. Vor allem mit Beginn und noch mehr am Ende des Weltkrieges verflüssigten sich in geradezu brutaler Form die Grenzen zwischen individuell-privater Existenz und den überpersönlichen Geschehnissen. Davon, wie langfristig diese Verkehrung der Verhältnisse wirkte, legt der hier beschriebene Lebenslauf ein eindrückliches Zeugnis ab. Über mehr als ein halbes Jahrhundert hinweg verfolgen Krieg und Diktatur den Protagonisten des Buches, obwohl er doch einem Jahrgang angehört, der in anderen Kontexten schon als „Nachkriegsjahrgang" beschrieben worden wäre.

Vieles von dem, was die verbrecherische Signatur des NS-Regime kennzeichnete, schreibt sich in das Leben des Nachgeborenen ein. Am Beginn des Lebenslaufs von Otto Wighus alias Otto Ackermann alias Hannes Dollinger stehen zunächst die Neigungen und Gefühle ganz „normaler", einfacher Menschen. Doch unauflöslich verschlingt sich ihr Streben nach dem kleinen Glück mit den großen Wendungen der Geschichte. Der Vater des unehelich Geborenen wird aufgrund des Konflikts mit einem Vorgesetzten an die Ostfront abkommandiert und kehrt nicht mehr zurück. Unterdessen verliert die norwegische

Mutter den Boden unter den Füßen – geplagt von materiellen Sorgen und gelähmt von der Angst, als „Deutschenliebchen" der gesellschaftlichen Ächtung zu verfallen.

Dies ist der Hintergrund für die Geburt des Protagonisten in einem norwegischen Haus des nationalsozialistischen „Lebensborn e. V." Zwar sind die Gerüchte, die die Häuser dieses Vereins der SS schon zeitgenössisch in die Nähe von Zuchtanstalten mit bordellhaften Zügen rückten, ohne Belang. Tatsächlich handelte es sich um Entbindungsheime für ledige, aber auch verheiratete Mütter, die aus privaten Gründen für die Geburt ihrer Kinder die Anonymität suchten. Aber andererseits sollte man den „Lebensborn" nicht verharmlosen. Auch in dieser vordergründig sozialpolitischen Einrichtung wohnte doch der gnadenlose Wille zur rassistisch begründeten Selektion, der den ideologischen Kernbestand des NS-Regimes offenbarte. Wer daher in das Räderwerk der rassistischen Maschinerie des Nationalsozialismus hineingeboren worden war, mußte befürchten, daß ihn ihr Schatten auch über das Kriegsende hinaus verfolgte.

Eben eine solche Geschichte erzählt dieses Buch. Es handelt von anonymer Geburt und heimlicher Adoption, von der Unwissenheit über die eigene Herkunft und dem Willen, die Wahrheit zu erfahren. Und am Ende ist es einzig und allein die Wahrheit, die eine zunächst verlorene Identität neu zu festigen vermag. Sie triumphiert schließlich auch über die Bürokratie des modernen Rechts- und Verwaltungsstaates, die der Komplexität des historischen Geschehens nicht gewachsen ist und den Suchenden noch einmal mit dem Entzug seiner Identität bedroht.

Über das historische Zeugnis hinaus spricht aus den folgenden Seiten eine durchgehende moralische Stärke. Das Buch macht Mut, denn es zeigt exemplarisch, wie Menschlichkeit und Wahrhaftigkeit nicht nur das individuelle Schicksal meistern, sondern auch ein starkes Zeichen gegen vergangenes Unrecht aufrichten können.

Andreas Wirsching

INHALT

KINDHEIT

Der erste Schultag

An seinem ersten Schultag Anfang September 1949 hat der kleine Hannes Dollinger eine wichtige Erfahrung gemacht. Nämlich, dass man selber auf sich aufpassen muss, wenn's drauf ankommt – und zwar fix! Gut, dass er wusste, wo im Auto eine Handbremse ist und wie man sie nach oben reißt, sonst wäre sein erster Schultag womöglich sein letzter gewesen. Das Schulhaus stand nicht im Ort Hohenpeißenberg, wo die Familie Dollinger wohnte, sondern rund 250 Meter höher auf dem gleichnamigen Berg, mitten im Pfaffenwinkel, in zentraler Lage für die verstreut liegenden Bauernhöfe rings herum. Ursprünglich bestand sie nur aus einem einzigen Klassenzimmer für alle Jahrgangsstufen, war aber inzwischen auf sieben Klassen erweitert worden. Zum Spaß sagten die Kinder gern: „Wir gehen auf die Hochschule!" Von dort oben also wäre der klapprige alte Wagen, mit dem die Mutter ihn am ersten Schultag hingebracht und den sie hinter der Schule abgestellt hatte, schnell in Fahrt gekommen und über den steilen Abhang gestürzt.

Als er glücklich herausgeklettert ist, hat die Mutter so getan, als ob nichts gewesen wäre. Sogar angefahren hat sie ihn, er solle nicht so herumtrödeln, weil sonst die Schule ohne ihn anfinge. Wahrscheinlich war es ihr peinlich, dass sie vergessen hatte, einen Gang einzulegen und die Handbremse anzuziehen. Schließlich hatte sie ihren Führerschein erst seit ein paar Tagen. Aber dem Hannes hat der Schreck noch tagelang in den Gliedern gesessen, immer wenn er gerade einschlafen wollte, war ihm, als rollte und polterte das Auto mit ihm über den Abhang in die Schlucht hinunter.

Der Vater hatte den Wagen, einen dunkelblauen uralten NSU-Fiat mit grauer Plane, schon bald nach dem Krieg irgendwo aufgetrieben. Er war Metzgermeister und Gastwirt und fuhr damit zu den Bauern in der Umgebung, um Schlachtvieh für sein Geschäft einzukaufen. Da hat sich der kleine Hannes, wenn er gelegentlich mitfahren durfte, wohl abgeschaut, wie man ein Auto zum Laufen und zum Stehen bringt, denn das war damals noch nicht selbstverständlich für ein Kind. Mehr als 20 Autos gab es bestimmt nicht in Hohenpeißenberg. Die Mutter ist nach diesem Vorfall übrigens kaum noch mit dem Wagen gefahren und auch der Vater soll kein guter Fahrer gewesen sein. Die Menschen waren nicht mit diesen technischen Geräten aufgewachsen und taten sich schwer damit. Aber man musste doch mit der Zeit gehen! Ein paar Jahre später kaufte der Vater einen beigefarbenen gebrauchten Opel Rekord, das war für ihn schon ein ganz großer Wagen. Viel geraucht hat er immer beim Fahren, das Auto hat entsprechend gerochen. In der Nachkriegszeit, als man nirgends Zigaretten bekam, hat er sogar im Garten selbst Tabak angebaut für die Pfeife, oder für Selbstgedrehte. Dass Rauchen der Gesundheit schadet, das war damals noch kein Thema.

Zum Schächen

In den ersten Jahren nach dem Krieg waren die Lebensmittel rationiert, da hat ein Metzger wohl auch mitunter „schwarz" einkaufen müssen, wenn er seiner Kundschaft etwas zukommen lassen wollte. Damals hat der Vater aber noch etwas mehr Zeit gehabt. Wenn es recht heiß war, ist er unterwegs mit dem kleinen Hannes zum Baden in den Birkländer Weiher gesprungen, leider viel zu selten. Einmal, das blieb dem Hannes unvergesslich, hat der Vater unterwegs erzählt, dass er heute das erste offizielle Schwein auf dem freien Markt gekauft habe. Dann hat er für den Buben einen Gummiball gekauft und am Waldrand mit ihm Fußball gespielt.

Doch das Geschäft wurde immer wichtiger für die Eltern. Das Gasthaus Zum Schächen – der Name leitet sich ab von dem altbayerischen Wort Schachen für einen bewaldeten Berg – und die Metzgerei hat sie sehr in Anspruch genommen. Mit der Währungsreform im Sommer 1948 begann die erste „Fresswelle", nach den Hungerjahren war für die Menschen nichts wichtiger als gutes Essen. So ist das Geschäft schnell gewachsen, es wurde Personal eingestellt und das Haus ist mehrmals an- und umgebaut worden. Auch der Hannes musste schon früh in der Metzgerei helfen, bekam eine Metzgerbluse, Lackschürze, darüber die Stoffschürze, Gummistiefel und ein weißes Käppi, wie jeder Metzger eins trug. Auch eine Messertasche mit diversen Messern musste er sich umhängen – da strahlte der Vater, wenn er ihn so sah! Am Anfang gab es nur zwei Räume und einen Kühlraum. Geschlachtet und gewurstet wurde im vorderen Raum, im hinteren Raum standen die Maschinen, die mit Transmissionsbändern betrieben wurden. Wie oft mussten die Bänder mit den Krallen neu verbunden werden! An der Laufseite wurden sie mit Pech eingestrichen, damit sie nicht vom Antriebsrad sprangen.

In dieser ersten Zeit waren meistens ein Meister, zwei bis drei Gesellen und ebenso viele Lehrlinge beschäftigt. In dem kleinen Laden, gleich neben dem Eingang zur Gaststätte, war die Mutter in ihrem Element. Er war fast immer geöffnet, auch samstagnachmittags und sonntags, denn die Leute hatten noch keine Kühlschränke. So wurde immer frisch eingekauft. Es gab zwei Frauen, die im Verkauf mithalfen, der Vater zeigte sich fast nie im Laden. Mittags half die Mutter in der Küche, ihre Aufgabe war es, den Braten zu schneiden und die Essensausgabe für die Gaststätte zu überwachen. Am Abend machte sie dann die Abrechnungen und die Buchführung und blieb auf, bis die letzten Gäste gegangen waren. Von den Angestellten wurde sie respektvoll „die Frau" geheißen, ihr Mann war „der Herr"; die Bezeichnungen Chef und Chefin waren noch nicht üblich. Beide waren jedenfalls sehr beansprucht, für unnütze Gespräche mit einem kleinen Buben blieb da wenig Zeit.

Dabei ist dem Hannes manches durch den Kopf gegangen, worüber er gern mit den Eltern hätte reden wollen, allerlei Sorgen und Kummer, aber auch Schönes oder sonst Bemerkenswertes. Er war ein aufgewecktes Kerlchen und beobachtete die Menschen gut, die um ihn herum lebten, machte sich für sein Alter allerlei Gedanken. Tatsächlich war er ein gutes Jahr älter, hätte eigentlich schon in die zweite Klasse gehen können, aber das wusste er damals noch nicht. Es fiel auch nicht weiter auf, er gehörte eher zu den Kleineren in seiner Klasse. Er war nicht wirklich traurig, es ging ihm ja nicht schlecht in dem großen Haus, wo so viele Menschen aus und ein gingen. Die Eltern waren gut zu ihm, sicher, auch der Vater tat ihm nichts Böses, obwohl er ihm manchmal Angst einjagte, wenn er zu viel getrunken hatte. Es war einfach so, als ob sie ihn nicht wirklich wahrnehmen würden. Auch an seiner Erziehung haben sie sich nicht richtig beteiligt. Sie blieben für ihn irgendwie unerreichbar, fern.

Ganz anders die Emma, die im Haus und in der Küche das Sagen hatte. Ja, die Emma, die war auch im größten Trubel für ihn ansprechbar, hat sich immer Zeit für ihn genommen. Freilich war sie auch streng, hat ihm mit dem Kochlöffel den Hosenboden glatt gestrichen, wenn es ihrer Meinung nach nötig gewesen ist, so dass er nach und nach alle Kochlöffel in einer Sacktapete im Treppenhaus verschwinden ließ. Der Hannes hat ihr die Bestrafung aber nicht übelgenommen, denn war sie streng, so war sie doch immer gerecht. In der Früh kam die Emma mit dem Hund Morie, später mit Jass, an sein Bett und weckte ihn auf. Der Jass zog ihm sofort die Decke weg, wenn er nicht schnell genug aus den Federn kam, und schleckte ihn ab, so dass er sich fast nicht mehr waschen musste. Das war lustig. Nach dem Waschen und Anziehen war es wieder die Emma, die ihm das Frühstück machte und dafür sorgte, dass er pünktlich in die Schule kam. Kaum dass er jemals mit den Eltern gefrühstückt hat, und wenn, dann drehte sich doch alles um das Geschäft. Von ihrem bescheidenen Lohn hat ihm die Emma sogar ab und zu ein schönes Buch gekauft, das hat ihn besonders gefreut, vor allem, wenn er mit ihr über das sprechen konnte, was er gelesen hatte. Ja, die Emma war damals sein wichtigster Mensch.

Und dann war da auch noch die Resi, die in der Gaststätte die Zimmer und später die Fremdenzimmer der Pension in Ordnung hielt. Die konnte schöne Geschichten erzählen aus ihrer ungarischen Heimat und ungarische Lieder singen, die er mit der Zeit auch gelernt hat. Mit der Resi war der kleine Hannes gern zusammen, die Emma und die Resi, die haben ihn wirklich gern gehabt, das hat er gespürt.

Die Eltern

So kommt es, dass Hannes Dollinger nicht viel von den Eltern erzählen kann. Vom Vater Alexander Dollinger weiß er nur, dass der als junger Mann auf Wanderschaft quer durch Deutschland von Bayern bis nach Flensburg gezogen ist. Das war damals immer noch Voraussetzung, wollte man in einem Handwerksberuf die Meisterprüfung ablegen. Beim Norddeutschen Lloyd in Bremerhaven hat er als Metzger angeheuert und kam auf die Bremen, einen der modernsten Passagierdampfer seiner Zeit. Er war dabei, als die Bremen 1929 auf der Fahrt nach

New York das Blaue Band als Auszeichnung für die schnellste Fahrt über den Atlantik holte.

Seine väterliche Familie kam eigentlich aus dem Augsburger Raum, doch sprach der Vater sehr selten davon, denn seine Familiengeschichte war ziemlich verwickelt. Als seine Großmutter Anna Wagner den angesehenen Gastwirt Johann Dollinger aus Schongau heiratete, brachte sie in diese Ehe eine ledige Tochter mit, Regina Wagner. Diese hatte dann selbst auch einen ledigen Sohn, Alexander, der also zunächst mit Nachnamen Wagner hieß. Warum die Ehe seiner Mutter mit seinem Vater – Ludwig Müller – nicht zustande kam, ist nicht bekannt. Aber bekannt ist, dass Regina ihren Sohn Alexander sehr liebte. Alex, wie er genannt wurde, war schon erwachsen, als ihn der Großvater Dollinger gleichzeitig mit seiner Mutter adoptierte, wodurch der Großvater zugleich sein Adoptivvater wurde. Die ganze Familie trug von nun an den Namen Dollinger und alles hatte nach außen seine gute bürgerliche Ordnung.

Von dem jungen Alexander Wagner gibt es paar Fotos, auf denen er als Ministrant zu sehen ist. Er soll ein guter Schüler gewesen sein, durfte ein paar Jahre in Augsburg das Gymnasium besuchen, wo er Geige spielen lernte. Später musste er nach Schongau zurückkommen und eine Metzgerlehre machen. Er wirkte im Schongauer Stadtorchester mit und war Mitglied im Schongauer Fußballverein. Auch später hatte er immer noch eine sportliche Figur – und das ist ungefähr alles, was der Hannes über den Vater weiß.

Noch weniger hat er über die Mutter in Erfahrung gebracht. Sie hieß Katharina, genannt Kathi, war am 8. Mai 1907 als das zweite Kind des Werkmeisters Benedikt Wagner geboren, nach Hans (1905) und vor Benedikt (1908) und Babette (1909). Die erste Frau von Großvater Wagner ist früh gestorben, aus einer zweiten Ehe gingen keine Kinder mehr hervor. Gewohnt hat die Familie in dem so genannten Rauchhaus, schräg gegenüber dem Gasthaus Schächen. Auch sie sei eine sehr gute Schülerin gewesen, aber natürlich hat ein Mädchen damals keine Chance gehabt, etwas zu lernen. Bei seltenen Gelegenheiten erzählte die Mutter, dass sie als junges Mädchen in München bei einer adligen Familie im Haushalt gearbeitet habe. Diese Familie kam zu ihrem Adelstitel, weil ein Mitglied der Familie sich im Gefolge Maximilians von Habsburg befand, als dieser 1864 Kaiser von Mexiko wurde und dort 1867 seinen Tod fand. Angeblich konnte dieses Familienmitglied schon bald nach der Ankunft in Mexiko ein Attentat auf den Kaiser verhindern und erhielt als Dank dafür ein Adelsprädikat. Als die Mutter 1934 im Januar den Alexander Dollinger geheiratet hat, war sie schon 27 Jahre alt.

Ein wesentliches Merkmal der Eltern war, dass sie jederzeit für alle Dinge, die das Geschäft betrafen, ansprechbar waren. Über alles andere, wie z. B. persönliche Gefühle, gingen sie schnell hinweg und ein Gespräch in diesem Zusammenhang kam selten zustande. Ein „Nein" oder „Ja" des Vaters glich einem Gesetz, über das man nicht zu diskutieren wagte. Andererseits war die Mutter eine gewandte Geschäftsfrau, die durch Diplomatie oft ihre Ziele zur allseitigen Zufriedenheit erreichte. Sie war die gute Seele des Hauses.

Der Name Dollinger

Seinen Vornamen Johann und den Nachnamen Dollinger verdankte der Hannes einem Urgroßvater, mit dem niemand in der Familie wirklich verwandt war. Im Taufregister der katholischen Pfarrei von Hohenpeißenberg waren übrigens für den Hannes noch zwei weitere Vornamen eingetragen. Er hieß Johann Baptist Alexander Dollinger. Außerdem war dort vermerkt, dass er ein Kind unbekannter Herkunft sei. Das hat er aber erst sehr viel später erfahren.

Der Urgroßvater und Namensgeber Johann Dollinger verbrachte seinen Ruhestand im Nebenhaus. Er wurde Opa genannt und war für den Hannes oft die letzte Rettung, wenn er etwas angestellt hatte. Dort gelang es ihm manchmal, sich so lange zu verstecken, bis der Zorn verraucht war. Allerdings verlangte der alte Mann eine gewisse Gegenleistung: Hannes musste ihm den Rücken und die Glatze kratzen. Die Glatze hat er als ziemlich speckig in Erinnerung behalten, obwohl ein Friseur morgens immer zum Rasieren ins Haus kam. Bis ins hohe Alter hatte der Opa ein paar Bienenvölker gehalten, die er fachgerecht betreute und von denen er den Honig erntete. Als er am 11. April 1949 starb, war er fast auf den Tag genau 90 Jahre alt, eine Woche später wäre sein Geburtstag gewesen. Der Hannes war an diesem Tag bei der befreundeten Familie Balles in München zu Besuch gewesen und hatte eine andere kleine Aufregung zu bestehen gehabt: Man hatte ihn in den Zug gesetzt, ihm aber versehentlich die Fahrkarte nicht mitgegeben. Am Bahnhof in Hohenpeißenberg musste der Vater herbeigeholt werden, um ihn mit einer neuen Fahrkarte auszulösen. Zu seiner Verwunderung trug der Vater seinen schwarzen Anzug – so erfuhr er, dass der Urgroßvater verstorben war. Er war aber nicht besonders traurig über diese Nachricht, denn der Opa konnte ja jetzt aus dem Himmel auf sie alle herab sehen.

Erinnerungen

War also der Adoptivvater und Nothelfer-Opa im Himmel und hatten auch die Eltern weiterhin kaum Zeit für den kleinen Buben, so war der doch nicht einsam, denn im Haus und in der Nachbarschaft fand er genug Leute, bei denen er aus und ein ging und wo er immer freundlichen Zuspruch fand. Erst viel später hat er sich gefragt: Ob die Hausbewohner immer erfreut waren, wenn er auftauchte? Wenn nicht, dann haben sie es ihn jedenfalls nie spüren lassen, und bestimmt hat auch die Mutter mit mancher zusätzlichen Wurstscheibe gelegentliche Schwierigkeiten überbrückt.

Der alte Gasthof zum Schächen war nämlich bei Kriegsende für mehrere Familien, die in München „ausgebombt" waren, zum Zufluchtsort geworden. In jeweils ein bis zwei Zimmern hausten mehrere Familien mit ihren Kindern, ferner ein Ehepaar, das um seinen gefallenen Sohn trauerte, ein anderes Ehepaar, dessen Sohn später aus der amerikanischen Gefangenschaft heimkehrte – Schicksale, die der kleine Hannes miterlebte und die ihn beschäftigten. Ein Ehepaar betrieb unten im Haus ein sehr gut gehendes kleines Lebensmittel- und Textilgeschäft, was natürlich auch einen Anziehungspunkt für ihn darstellte. Ebenfalls im alten Schächen war auch eine Niederlassung der Kreissparkasse Schongau untergebracht, und darüber hinaus gab es darin neben der Post einen Schreibwarenladen und ein Friseurgeschäft, wo überall der kleine Hannes zutraulich zugange war. Der Anbau mit all diesen Geschäften unterhalb des Hauses und der darüber liegenden Terrasse war ermöglicht durch die steile Hanglage. So bildete der gesamte Baukomplex des Schächen lange Zeit das Zentrum des Ortes.

Mit den Kindern der Mieter, übrigens lauter Mädchen, die alle ein wenig älter waren als er, spielte der Hannes gern, im Haus und draußen im Hof und hinterm Haus in der Grotte, daran denkt er gern zurück. Auch scheint er sich ganz gut gegen sie durchgesetzt zu haben. Einmal wollten ihn die Mädchen nicht gleich mitspielen lassen, da hat er voller Wut mit einer kleinen Sandschaufel auf sie eingeschlagen und sie ziemlich verletzt. Das hat natürlich ein schlimmes Strafgericht gegeben, und dann wollten die Mädchen nicht mehr mit ihm spielen, aber lang haben sie das nicht durchgehalten.

Die Mieter haben ihn auch manchmal zu kleinen Ausflügen mitgenommen, besonders an den Wochenenden, wenn in der Wirtschaft so viel los war, dass wirklich niemand Zeit hatte für ihn. Einmal durfte er auf einem kleinen Kindersattel, der auf der Stange an einem Herrenrad festgemacht war, mit nach Peiting und von dort an den Grubsee zum Baden fahren. Man war bei herrlichem Wetter gestartet. Aber gegen Abend zogen schwarze Wolken auf und sie mussten sich alle neben ihren Rädern auf den Boden werfen, um so das Unwetter abzuwarten. Und tatsächlich ist ganz in ihrer Nähe der Blitz in eine hohe Fichte eingeschlagen, da sind die Kinder schrecklich erschrocken und haben noch lange Angst gehabt vor Gewittern. Vom Staffelsee und über den Ammersee sind viele scharfe Gewitter herübergezogen, in die alte hohe Birke hinter der Metzgerei ist später auch ein Blitz eingeschlagen, als der Hannes eben aus dem Fenster schaute. Das hat ihn sehr erschreckt.

Von einem älteren Herrn in der Nachbarschaft, der bettlägerig war und sich stets über Besuche von Hannes freute, lernte er schon früh das Schachspielen und war bald ein willkommener Gegner in so mancher kleinen Partie.

Eine ganz frühe Erinnerung hat der Hannes an eine Schlittenfahrt, wahrscheinlich im Winter 1946. Er sitzt ganz fest in eine Decke eingewickelt auf dem Schlitten und schreit fürchterlich. Warum, das weiß er selbst nicht so genau. Die Leni zieht den Schlitten die lange Bahnhofstraße hinunter, er schreit und schreit, die Leni ist verzweifelt und ratlos, was sie machen soll. Dabei mochte er die Leni gern, sie hat als Bedienung im Schächen gearbeitet. Erinnerte er sich daran, dass es die Leni war, die ihn mit der Eisenbahn von München nach Hohenpeißenberg gebracht hat? Fürchtete er, jetzt wieder weggebracht zu werden, weg von dem Ort, wo er sich inzwischen gut aufgehoben fühlte? Wie es damals weiterging, ist ihm entfallen. Wahrscheinlich ist die Leni gar nicht zum Bahnhof gegangen, sondern hat ihn mitgenommen zu ihrem Freund Hans, den sie später geheiratet hat. Er wohnte in einem Dachzimmer in der Bäckerei Heigel. Dort hatte der Herr Heigel im Treppenhaus eine sehr schöne Jahreskrippe aufgestellt, die ihm immer großen Eindruck machte.

Dann erinnert er sich auch noch die alte Frau Strobel, die im Schendrich, einem Ortsteil von Hohenpeißenberg, wohnte und sich auf die heilende Kunst verstand. Sie rieb ihm öfters die Brust und den Rücken mit Schweinefett ein, weil er angeblich etwas rachitisch war. Manchmal kam sie auch ins Haus und behandelte ihn da. Den Geruch von dem Schweinefett hat er heute noch in der Nase, dabei war die Behandlung nicht unangenehm, nur etwas eigenartig, wie sie ihn so durchknetete. Viel schlimmer war der Lebertran, den sie ihm auch einflößen wollten. Er hat ihn einfach nicht hinunter gebracht, und leider kann er bis heute kein Fischgericht essen.

Einmal ist die Mutter mit ihm zum Fotografen Herrmann gegangen, um sich fotografieren zu lassen. Bei einer Bekannten hat sie sich eine alte Tracht ausgeliehen, der Hund Morie war auch dabei, und so sind recht schöne Aufnahmen entstanden.

Zu den wichtigen Personen in seiner frühen Kinderzeit gehörte auch noch Tante Betty aus München, die Frau Professor, wie man sie respektvoll nannte. Dabei war sie lediglich mit einem Professor verheiratet gewesen, der aber im Krieg gefallen war. In welcher Beziehung seine Eltern zu Betty Konrad standen, warum sie öfters nach Hohenpeißenberg kam und sich offenbar besonders für den kleinen Hannes interessierte, das war auch eins von den vielen Rätseln seiner frühen Jahre. Sogar ein Gedicht hat sie über ihn und sein damaliges Kinderleben gemacht. Es fing so an: „Hannes klein ging allein in die weite Welt hinein ..." Der Hund Morie war ihr treu ergeben, weil sie mit ihnen beiden lange Spaziergänge machte. Sie hätten sich in München im Krankenhaus in der Nussbaumstraße kennen gelernt, erzählte die Mutter, als sie wegen einer Bauchhöhlenschwangerschaft behandelt wurde. Dass sie danach keine Kinder mehr bekommen konnte, sei ihr dort mitgeteilt worden. Betty Konrad, deren Mann im Krieg geblieben war, engagierte sich zu der Zeit im sozialen Bereich, und so kam der Kontakt zu den Eltern im Krankenhaus zustande.

Gasthaus und Metzgerei

Donnerstagabends war Musikprobe im Schächen, der Kapellmeister Egger, der die Knappschaftskapelle Hohenpeißenberg leitete, wohnte mit seiner Familie im ersten Stock. Manchmal durfte der Hannes länger aufbleiben und ein wenig zuhören. Dann ließen ihn die Musiker auch mal das eine oder andere Instrument ausprobieren, sogar aus der Bass-Tuba hat er ein paar Töne herausgebracht. Wenn der Brauereidirektor Fritz Lehner von der Schiffbrauerei Kaufbeuren zu Besuch kam, war der gern bei den Musikproben dabei. Dann gab's Freibier, und die Musiker spielten nochmal so gut. Der Onkel Fritz, wie der Hannes ihn nannte, durfte dann auch dirigieren, das hat ihm großen Spaß gemacht, und die Proben dauerten bis in die frühen Morgenstunden. Das hat dem Hannes gut gefallen.

Als Hannes einmal zu Weihnachten ein Kasperltheater mit handgemachten Puppen und einem kunstreich bemalten Theater bekommen hatte, wollte er den Musikern ein kleines Stück vorspielen. Sie schauten artig zu, doch plötzlich stieß der kleine Theaterdirektor gellende Schreie aus: in dem feuerroten, gehörnten Kopf des Teufels, der den Kasperl eben überlisten wollte, stak ein langer Nagel, der sich in seinen Finger gebohrt hatte – so fest, dass der Kopf gar nicht mehr vom Finger herabging. Nun war guter Rat teuer. Schließlich blieb nichts anderes übrig, als den Teufelskopf vorsichtig kaputtzuschlagen.

Die Kundschaft in der Metzgerei musste zum Einkaufen die Lebensmittelmarken mitbringen. Pro Person gab es nur eine genau bestimmte Menge „Fleischwaren", vielleicht zweihundert Gramm pro Woche. Viel war das nicht, man hütete die Fleischmarken wie einen Schatz. Sie mussten von der Metzgerei in kleine Heftchen eingeklebt werden, die, wenn sie voll waren, bei der Gemeindeverwaltung abgegeben wurden. Einer von den Mietern im ersten Stock hat öfters beim Sortieren und Einkleben geholfen, der Hannes hat ihm gern dabei zugeschaut.

Der Mann war ein Landschaftsfotograf. Gern hat er seine Bilder hergezeigt, später sind sogar mehrere Bände mit Schwarz-Weiß-Fotografien veröffentlicht worden. Ein netter Mann, freundlich zu dem kleinen Buben – und doch hat der ihm einmal einen Streich gespielt. Zwischen die Markenblätter hat er eine Nähnadel hineingelegt, so dass der freundliche Herr Neumann sich bös in den Finger gestochen hat beim Durchblättern. Warum der Hannes das wohl gemacht hat? Jedenfalls hat man den kleinen Übeltäter schnell gefunden und entsprechend bestraft. Der beiderseitigen Freundschaft tat es jedoch keinen Abbruch.

Für die Metzgerei war die Möglichkeit, die damals weit verbreiteten Konsumläden im Umkreis zwischen Garmisch-Partenkirchen und Starnberg zu beliefern, ein großer Erfolg. Gemeinsam mit dem Gebietsleiter des Konsum wurden zu Werbezwecken im Gasthaus so genannte „Bunte Abende" veranstaltet, die sehr beliebt waren und ein großes Publikum fanden. Schließlich konnte man hierfür auch so bekannte Volksschauspieler und -musiker wie zum Beispiel Hans Löscher, Ida Schumacher und Georg Blädl vom Bayerischen Rundfunk für Auftritte gewinnen. So kam der Hannes mit vielen von ihnen in guten Kontakt. Noch heute, wenn er an deren Denkmälern auf dem Münchner Viktualienmarkt vorbeispaziert, denkt er gerne an so manches schöne Erlebnis mit ihnen zurück.

Der erste beste Freund des kleinen Hannes war der Hund Morie, sein treuester Kamerad, der immer Zeit für ihn hatte und geduldig zuhörte, wenn er einen Kummer hatte. Hannes und Morie gehörten zusammen. Als er noch ganz klein war, ist der Bub einmal in den Graben gefallen, bei der heutigen Rigistraße, Ecke Hauptstraße. Eine Bekannte ging gerade vorbei und wollte ihm heraushelfen, doch Morie ließ es nicht zu, dass sie ihn anfasste. So zog ihn der Hund am Kragen aus dem Graben heraus.

Eines Tages, als er gerade in die erste Klasse ging, war Morie beim Heimkommen aus der Schule nicht da, um ihn zu begrüßen. Er suchte ihn überall – kein Hund. Schließlich brachte Emma ihm schonend bei, dass Morie eingegangen sei, tot. Das war ein echter Schock für den Hannes. Bald darauf kaufte der Vater auf der Rigi-Alm einen Schäferhund, der war so jung, dass er noch nicht einmal die Ohren spitzen konnte, und seine Füße erschienen irgendwie zu groß im Verhältnis zur Körperform. Er erhielt den Namen Jass. Damals gab es noch keine Vorschrift, dass Hunde nicht frei laufen dürfen, und der Jass entwickelte sich zum Streuner. Ein paar Mal ist er dem Hannes bis zur Schule auf dem Berg nachgelaufen, so musste er ihn wieder nach Hause bringen und hatte eine wunderbare Entschuldigung, den Unterricht zu schwänzen. Als der Jass älter wurde, fing er zu wildern an, der Vater musste immer wieder Strafe zahlen. Dann ist der Jass im Winter an der Ammer in eine Fuchsfalle geraten, wo er eine ganze Woche hing. Ein Postler hat ihn zufällig entdeckt, so dass der Vater ihn befreien konnte. Eine Zeitlang ging es dann gut, aber der Jagdinstinkt ging immer wieder mit dem Hund durch, schließlich musste man ihn einschläfern lassen. Das war eine schlimme Erfahrung für den Hannes.

Im Stall standen auch zwei Pferde, der Schimmel Fritz und die braune Stute Gretel. Der Knecht Jakob war viel mit den Pferden unterwegs, er holte das Schlachtvieh bei den Bauern. Er kam weit herum in der Umgebung von Hohenpeißenberg, bis nach Apfeldorf oder Kinsau. In der Früh und am Abend fuhr er mit einem Postler zum Bahnhof, wo er am Zug die Post abholte und beim Postamt im Schächen ablieferte, täglich von Montag bis Samstag, bei Wind und Wetter. Für eine Fahrt bekam der Vater eine Mark und zwölf Pfennige, so kann man es in alten Papieren nachlesen. Das ging so bis etwa Mitte der fünfziger Jahre. In den letzten Jahren stellte die Post einen richtigen Postwagen zur Verfügung, mit dem Sitzbock vorne und hinten einem geschlossenen gelben Kasten, etwa zwei Meter lang, einen Meter hoch und anderthalb Meter breit. Da ist der Hannes gern mitgefahren auf dem Kutschbock, und die Pferde mochten ihn auch. Es ist sogar vorgekommen, dass sie erst laufen wollten, wenn der kleine Kerl auf dem Kutschbock saß. Die Tiere waren ihm sehr wichtig, sie waren immer da und strahlten eine angenehme Ruhe aus.

Aber auch der Jakob war geduldig, er setzte den Hannes auf ein Pferd und ließ ihn reiten – die beiden Pferde waren brav und gingen ganz vorsichtig mit ihm. Einmal ist er allerdings gestürzt. Es war im Fasching, da zogen sie mit den Pferden durch den Ort, um einen Faschingsball auszurufen. Hannes hatte ein Cowboykostüm an und saß auf der Gretel. Als er plötzlich fürchterlich laut in seine Trompete blies, stieg die Gretel vor Schreck hoch, so dass er herunterfiel. Ganz besorgt hat ihn das Pferd mit den Nüstern gestupst, und er ist auch gleich wieder aufgesessen. Danach ist die Gretel noch vorsichtiger mit ihm gegangen. Einmal ist er unter den Pferden im Stroh eingeschlafen. Als die Erwachsenen ihn endlich gefunden hatten, staunten sie nicht schlecht, wie die Pferde ganz ruhig dastanden und ihn bewachten.

Der Jakob war in Hohenpeißenberg überall bekannt als einer, der gern dem Bier zugesprochen hat. Man hat sich über ihn lustig gemacht, wenn er wieder mal einen tüchtigen Rausch hatte. Einmal bei einem Faschingsfußballspiel haben ihn die Fußballer mit einem Fußballdress und einem Schweinskopf aus Pappe kostümiert und stellten ihn ins Tor. An den Fuß hatten sie ihm einen Strick gebunden, und immer, wenn er einen Ball fangen wollte, zogen sie an dem Strick, so dass der arme Jakob in den Dreck fiel. Der alte Platz bei der evangelischen Kirche, der einen guten Humusboden hatte, war nach dem Regen eine einzige braune Brühe, und man kann sich vorstellen, wie der Jakob bald aussah. Die Leute schrieen vor Lachen, Kinder und Erwachsene – aber der Hannes musste weinen, als er sah, wie sich der Jakob im ganzen Ort zum Gespött machte.

Einmal nahm der Jakob den Hannes mit nach Schongau auf den Markt. Sie fuhren mit dem Zug und die Eltern hatten ihnen Geld mitgegeben, um etwas zum Essen und zum Trinken zu kaufen. Davon kauften sie auch Lose und es waren viele Treffer dabei: Trompeten, Pfeifen, ein großer Bär und sonst noch allerlei Krimskrams, der Hannes konnte es kaum tragen. Spät am Abend kamen sie erst heim, Jakob randvoll mit Bier abgefüllt. Das war wohl der letzte Ausflug mit Jakob. Wenig später hatte er einen Unfall, bei dem er sich schwer verletzte, so dass er ein Auge verloren hat.

Verwandtschaft

Der Hannes hatte auch gute Beziehungen zu den Geschwistern der Mutter und deren Familien. So hat er schon früh miterlebt, dass es im Leben allerhand Schicksalsschläge zu verkraften gibt, da es wiederholt zu tragischen Unglücksfällen innerhalb der Familien kam. Den ältesten Bruder, Onkel Hans, kannte er am besten, und er schaute ihm gern zu, wenn er im Haus etwas zu richten und zu reparieren hatte: tropfende Wasserhähne, verstopfte Abläufe und dergleichen. Onkel Beni, Mutters jüngerer Bruder, betrieb mit seiner Frau Olga eine Kraftfahrzeugwerkstatt mit Tankstelle und VW-Vertretung. Sie hatten drei Söhne und eine Tochter. Onkel Beni war es, der den alten NSU-Fiat wieder zum Laufen brachte, als er einmal auf dem Heimweg von einem Ausflug zur Wieskirche plötzlich den Geist aufgegeben hatte. Stundenlang mussten sie in einer Gastwirtschaft warten, bis man ihn endlich herbeigeholt hatte.

Tante Babett wohnte in Dießen am Ammersee. Dort war der Hannes oft in den großen Ferien, wo er sich in der Familie sehr wohl fühlte. Man hat gern gemeinsam gesungen, und besonders mit seiner Cousine Brigitte haben sie zweistimmig viele schöne Lieder eingeübt. Die Freude am Singen ist ihm geblieben. Einmal, als er mit Brigitte und dem Cousin Alex beim Baden am

See war, gab es eine Sturmwarnung. Nicht weit vom Strandbad entfernt waren zwei Segelschiffe gekentert. Neugierig wollte Hannes alles ganz genau sehen und schwamm in die hohen Wellen hinaus. Bald verließen ihn aber die Kräfte, er schaffte es nicht mehr zurück, und die Wasserwacht musste ihn ans Ufer bringen. Tante Babett sollte nichts davon erfahren – aber als er am nächsten Morgen zum Frühstück erschien, war sein Koffer schon gepackt. Sie hatte von dem Vorfall in der Zeitung gelesen. So musste er den Rest der Ferien in Hohenpeißenberg verbringen, wo er jeden Tag ein paar Stunden in der Metzgerei arbeiten durfte.

Familie Balles

Schon bald nach dem Krieg, als in München der Bahnhof und viele Häuser noch in Schutt und Asche lagen, durfte der Hannes immer wieder die Familie des Herrn Dr. Balles, eines Bayerischen Regierungsbeamten, besuchen. Sie wohnte in der heutigen Unterföhringerstraße, die hieß damals noch Am Priel. Auf dem Bahngelände standen von Pasing bis zum Münchner Hauptbahnhof Waggons, in denen viele Flüchtlinge und Vertriebene lebten. Auf den Straßen lagen überall Trümmer von den zerbombten Häusern, so dass die Straßenbahn immer wieder anhalten musste, damit der Schutt aus den Gleisen geräumt werden konnte. Das Haus der Familie Balles ist dem Hannes noch ganz lebhaft im Gedächtnis. Es gab da auch ein Büro mit einer schallisolierten Türe und einer Trennwand zum Wohnzimmer. Die Privaträume waren im ersten Stock, in der Küche war ein Kasten mit Nummern, die leuchteten auf, wenn die Herrschaften von einem der Zimmer läuteten, weil etwas gebraucht wurde. Der Hannes durfte ganz oben unter dem Dach schlafen, was ihm sehr gefiel, konnte er doch von seinem Bett aus in den Himmel sehen und die Sterne beobachten. Bei einer anderen befreundeten Familie in der Nähe bewunderte er sehr die künstlerisch begabte Tochter Almut, wenn sie an ihrem Webstuhl Teppiche und Decken mit immer neuen bunten Mustern zustande brachte.

Auch die Beziehung zu der zahlreichen und sehr gebildeten, musikalischen Familie Balles hatte einen irgendwie geheimnisvollen Hintergrund. Der Hannes hatte einige Monate bei ihnen verbracht, bevor er nach Hohenpeißenberg gekommen war – aber daran konnte er sich nicht mehr erinnern. Immer waren hier eine Menge interessanter Leute zu Besuch, und die Kinder, die viel älter waren als er, haben später im Leben alle eine gute Position eingenommen. Wenn sie nach Hohenpeißenberg kamen, gab ihnen die Mutter immer was zum Essen mit, Schinken oder Wurst, weil alles so knapp war in München. Die jüngste Tochter Helga war seine Taufpatin, und als ihre ältere Schwester Christa heiratete, durfte der sechsjährige Hannes zusammen mit einem kleinen Mädchen den Brautschleier tragen. Als Belohnung erhielt jedes der beiden Kinder eine Tölzer Hochzeitskutsche mit sechs Pferden, echte Holzschnitzarbeit.

Wieso Findelkind?

Der Hannes war noch nicht in der Schule, als etwas Merkwürdiges vorfiel. Mit dem etwas älteren Nachbarsjungen Hugo hatte er im Garten gespielt. Es gab Streit, der Hannes verteidigte sich, da schrie ihn der andere plötzlich an: „Brauchst dich gar net so aufspielen, du, was willst denn du überhaupt hier, du Findelkind!" Ganz erschrocken ist der Hannes zum Vater gerannt und hat erzählt, was der Hugo zu ihm gesagt hat. Unbegreiflich, wie wütend der Vater sofort den Buben geschnappt und ihm ein paar saftige Ohrfeigen verabreicht hat, ohne jede Erklärung. Und jeden weiteren Umgang mit dem Hugo hat er ihm verboten. Aber das hat er nicht lang eingehalten.

An die ersten Schuljahre erinnert sich der Hannes mit gemischten Gefühlen. Zwar meint er, dass ihm das strenge Regiment von Fräulein Hohenrieder, seiner ersten Lehrerin, nicht geschadet hat. Andererseits denkt er noch heute nicht ohne Bitterkeit daran, wie sie ihn einmal ungerecht behandelt hat. Es gab ständig Schwierigkeiten beim Schreibenlernen, weil er eigentlich Linkshänder war, aber unbedingt rechts schreiben sollte. Auf der Schiefertafel war es meistens gleich zu sehen, wenn er heimlich die „falsche" Hand benützt hatte, weil er das mühsam Geschriebene beim Weiterschreiben wieder verwischte. Es dauerte Jahre, bis ihm die rechte Hand einigermaßen gehorchte. Bei einer Schönschriftprobe mit Feder und Tinte hatte er mal wieder die Hand „verwechselt", als gerade die Lehrerin vorbeiging. Ohne weitere Umstände verabreichte sie ihm eine saftige Watschen, wie das im Bayerischen heißt, und zwar mitten ins Gesicht. Wegen dem Schlag ist dem Hannes ein Tintenklecks ins Heft gefallen, wofür er noch zusätzlich mit scharfen Worten von ihr getadelt worden ist – das hat er dem „Fräulein" lange nicht verziehen.

Der Hannes meint selbst, er sei eigentlich kein besonders liebes Kind gewesen, ziemlich vorlaut und immer drauf bedacht, nicht zu kurz zu kommen. Möglicherweise hat er sich dadurch etwas unbeliebt gemacht. Einmal haben ihn die sämtlichen Mädchen seiner Klasse so verprügelt, dass er ein paar Tage nicht aus dem Haus konnte. Das kam so: Seinem Klassenkameraden Otto, der auf dem Schulweg ein Zehnpfennigstück erspäht hatte, war er blitzschnell zuvor gekommen und hatte ihm die Münze weggeschnappt. Als der Otto sich das nicht gefallen lassen wollte, kam es zu einem Handgemenge, Otto schrie – und so eilten ihm die Mädchen zu Hilfe. Otto bekam zur Strafe die Auflage, den Hannes täglich zu besuchen, solange er nicht in die Schule gehen konnte – und dadurch sind sie die besten Freunde geworden. Mit der Zeit hatte Hannes dann auch kapiert, dass er sich ein wenig an die andern anpassen musste. Trotzdem überwog bei ihm der Eindruck, dass die Schule ihm das Leben versaute. Als er bei der Aufforderung zum Kopfrechnen laut in die Klasse hinein sagte: „Dazu brauche ich doch keinen Kopf!", hatte er die Lacher auf seiner Seite und lange Zeit danach hieß es noch oft: „Jetzt kommt der ohne Kopf!"

Vielleicht war das gute Fräulein Hohenrieder nicht die geborene Pädagogin, sie scheint sehr leicht erregbar gewesen zu sein. Einmal hat sie aus Zorn über die schlecht geschriebenen Hausaufgaben einem Klassenkameraden die Schiefertafel über den Kopf gehauen, so dass ihm der leere Rahmen um den Hals hing. Peter, der vorher selbst schon einige Tafeln „geliefert" hatte, meinte trocken: „Dass des woast, des is fei mei letzte Tafel, die wo i kriagt hab!" Für den Rest des Schuljahrs kam er nur noch mit den Scherben in die Schule, sein Vater hatte Ernst gemacht.

In sein erstes Schuljahr fällt auch noch eine andere Erinnerung: Ein Mitschüler ist an einer Infektionskrankheit gestorben, das hat den Hannes sehr beschäftigt. Immer wieder hat er das kleine Grab ganz in der Nähe von Dollingers Familiengrab angeschaut, aber es gab niemand, mit dem er darüber hätte sprechen können.

In den großen Ferien musste Hannes am Vormittag immer in der Metzgerei helfen, nachmittags durfte er dann mit den Freunden zum Baden gehen oder sonst was unternehmen. Oft sind sie mit dem Rad an einen der vielen Seen und Weiher in der Umgebung gefahren, so hatte er schon früh das Schwimmen gelernt. Deshalb durfte er als Erstklässler einmal mit den älteren Schülern aus der 3. Klasse nach Peißenberg zum Ammerbad wandern, darauf war der Hannes sehr stolz. Bei einem Radausflug mit den Kameraden ist einer der Buben verunglückt. Er ist mit seinem Rad auf ein stehendes Auto aufgefahren. Durch den Aufprall flog er über den Wagen und lag bewusstlos auf der Straße. Gemeinsam legten sie ihn vorsichtig an den Straßenrand und leisteten Erste Hilfe, so gut es ging. Dafür wurden sie am nächsten Tag in der Zeitung namentlich gelobt.

In der vierten Klasse hatte er den Rektor Schuster als Klassenlehrer. Das war insofern angenehm, als dieser in seiner Eigenschaft als Schulleiter immer viel zu tun hatte. Die Klasse musste dann „alleine arbeiten", was sich natürlich auf das geistige Fortkommen der Kinder nicht besonders positiv ausgewirkt hat. Dazu kam noch, dass der gute Mann als Junggeselle recht häufig die Wirtschaft zum Schächen aufsuchen musste, denn schließlich brauchte er ja was zu essen. Man hat es ihm dann schon angemerkt am nächsten Morgen in der Schule, wenn er zu lange beim Kartenspiel sitzen geblieben ist, weil er übernächtig und schlecht gelaunt zum Unterricht kam. Für den Hannes war es aber nicht so gut, dass er die Schwächen des Lehrers so hemmungslos ausgenutzt hat. Denn daheim war niemand, der die Hausaufgaben hätte kontrollieren können oder der auch nur bemerkt hätte, dass er den ganzen Sommer lang nur noch Fußballspielen und Schwimmen im Kopf hatte, und Schilaufen im Winter. Seine Zeugnisse jedenfalls sind in der 5. und 6. Klasse immer schlechter geworden, und das hatte schließlich durchaus unangenehme Folgen für ihn. Er musste nämlich zu den Barmherzigen Brüdern nach Algasing bei Dorfen ins Internat.

Die ersten Pensionsgäste

Im wirtschaftlichen Aufschwung der frühen fünfziger Jahre wurde in Hohenpeißenberg ein Fremdenverkehrsverein gegründet, der mit Scharnow-Reisen, Iserlohner-Reisen und einem Essener Reisebüro ins Geschäft kam. Diese brachten viele Gäste in den ganzen Ort, auch Privatvermieter boten Zimmer an. Mit dem Pferdeleiterwagen holte der Jakob die Gäste unten an dem kleinen Bahnhof ab, wo sie sogar oft noch mit Musik begrüßt wurden. Anschließend verteilten Angehörige des Verkehrsvereins die neuen Gäste auf ihre Privatquartiere, und die Vermieter zogen mit Handwagen das Gepäck nach Hause. Abendessen gab's dann für alle Gäste im Schächen und in der Hettenwirtschaft.

Die ersten Pensionsgäste im Schächen kamen von Bad Wiessee, es war die Familie Rauchfuß. Sie stammten ursprünglich
aus Reichenbach im Sudetenland und waren zusammen mit
der Forstmeisterfamilie Zima, wo Emma im Haushalt gearbeitet hatte, ausgewiesen worden. Sie waren alle zusammen nach
Hohenpeißenberg gekommen, aber nur die Emma ist da geblieben, weil sie Arbeit bei Familie Dollinger im Schächen fand.
Am 14. Februar 1946 habe sie im Schächen angefangen zu arbeiten, hat sie dem Hannes oft erzählt, denn der 14. Februar
schien ihr so eine Art Schicksalstag gewesen zu sein. An einem
14. Februar im Jahr 1909 war sie im Sudetenland zur Welt gekommen, und am 14. Februar 1945 hat sie noch in ihrer alten
Heimat den Feuerschein vom brennenden Dresden am Himmel
gesehen. Allerdings hat sie nicht an einem 14. Februar, sondern
im November 1973 ihren wohlverdienten Ruhestand angetreten. So lange war sie im Schächen als Köchin tätig gewesen.
Die Mitglieder der Familie Rauchfuß, die aus leichten Kartons
und Drähten blitzschnell wunderschöne Lampenschirme mon-
tieren konnten und sich dadurch einen kleinen Nebenverdienst
sicherten, hatten am Tegernsee eine zweite Heimat gefunden.
Einmal nahm die Emma den Hannes für ein paar Tage zu einem
Besuch mit an den Tegernsee. Mit einem Ruderboot seien sie
abends bei wunderschönem Wetter über den See nach Wiessee
gerudert worden. Das muss 1947 oder 48 gewesen sein.

Der Schächen wird ausgebaut

Als die Mieter nach und nach aus den oberen Stockwerken ausgezogen waren, wurden 19 Gästezimmer ausgebaut. Endlich
bezogen auch die Eltern ihre Privaträume und Hannes erhielt
ein eigenes Zimmer. Eine Zentralheizung sorgte für modernen
Komfort: Jedes Zimmer war jetzt heizbar und hatte fließend
warmes und kaltes Wasser. Am Hang vor dem Haus wurde ein
schönes Alpinum angelegt und die breite Terrasse mit Bänken

und Tischen haben die Gäste gern genutzt. So war immer was los im Schächen, viele Pensionsgäste brachten auch Kinder mit, zu denen der Hannes schnell Anschluss fand. Beim Heimatabend einmal in der Woche musste er singen und jodeln, was er bald ganz gut drauf hatte. Im Trachtenverein hatte er Schuhplatteln gelernt, und mit seiner Cousine Brigitte vom Ammersee trat er auf mit bayerischen Tänzen. Die musste er auch den Kindern der Gäste beibringen, den Mädchen vor allem, das hat dem Hannes viel Spaß gemacht. Überhaupt war viel Trubel und Umtrieb zu der Zeit, und der Hannes immer mittendrin.

Die Wirtschaft blühte auf, entsprechend gab es viel Arbeit, so dass er auch mehr in der Metzgerei helfen musste, ob er wollte oder nicht. Da war der Vater unerbittlich. Auch das Schlachthaus wurde jetzt umgebaut und vergrößert. Für das Fundament musste der harte Sandstein abgeschlagen werden, da halfen die Bergleute mit ihrer Erfahrung und mit einem Kompressor. Die alten Maschinen mit den Transmissionsriemen wurden durch neue Geräte ersetzt.

Skifahren

Zunächst war es wenigstens im Winter viel ruhiger, noch gab es keinen Skiliftbetrieb. Trotzdem hatte keiner Zeit für den Hannes. So fing er schon als junger Bub an einem kleinen Hügel, dem Schächenbichel, mit Skifahren an. Nachbarskinder waren auch da, sie übten und probierten und bald waren sie alle recht gut und hatten eine Menge Spaß. Bereits mit sechs Jahren trat Hannes zusammen mit einem Freund dem Skiverband und dem Deutschen Alpenverein bei, um bei Skirennen mitmachen zu können. Dabei war die Ausrüstung mehr als bescheiden, man würde es heute gar nicht für möglich halten, wie flott sie mit ihren Holzbrettern Schuss, Slalom und Stemmbogen fuhren. Die weite Skihose aus dunkelblauem Wollstoff war schnell nass, man musste sie über Nacht am Herd trocknen, damit er am nächsten Tag wieder hinaus konnte. Bald bestand sie mehr aus Flicken als aus Originalstoff, die gute Emma hat sie ihm immer wieder zusammengeflickt. Es gab auch keine Skiunterwäsche, nur handgestrickte Unterhosen, die auf der Haut fürchterlich kratzten und juckten, wenn sie nass waren. Die ledernen Skistiefel musste man jeden Tag mit Fett einreiben, damit das Leder keine Risse bekam und sich nicht voll saugte.

Und erst die Skier! Sie hatten keinen Belag, keine Kanten, hatte einer „Skisalat" gemacht, gingen sie zum Blechschmied Reich, der flickte den Ski mit einem Blechband wieder zusammen. Manchmal waren schon zwei oder drei Streifen drum herum, aber man konnte immer noch damit fahren. Die Bindung war mit einfachen Federzügen am Stiefel befestigt, bei einem Sturz ging sie nicht auf und manchem hat es den Fuß bös gedreht, bestimmt gab es auch gebrochene Haxen. Irgendwie hat der Hannes erfahren, dass sich Schallplatten aus Schellack hervorragend für einen Skibelag verwenden lassen. Deshalb bügelte er manche schöne Melodie zum Leidwesen der Eltern auf seine Ski.

Bald war den jungen Sportlern der Schächenbichel zu klein, da wagten sie sich auf den Hohenpeißenberg. Sie wurden immer besser und schneller. Einmal, als sie für die Abfahrt an der Nordseite trainierten, fuhr der Hannes gegen einen Baum, so dass beide Skier brachen. Der Vater von zweien seiner Kameraden brachte ihn heim und redete dem Vater gut zu, dass er neue Skier brauche. Die hat er tatsächlich bekommen und so gewann er den Abfahrtslauf vom Hohenpeißenberg. Wie stolz war er da! Und bei einem späteren Wettbewerb hat er sogar einmal ein Paar neue Skier gewonnen. Ein andermal hatte er Pech. Spät abends waren sie von halber Höhe aus auf den Hohenpeißenberg hinauf gewandert, um eine Nachtabfahrt zu machen. Beim Aufstieg hat er den Federzug für seine Bindung verloren, so musste er den ganzen Berg wieder hinunter gehen und kam erst tief in der Nacht zuhause an.

Oft hatte Hannes in der Nacht Schmerzen in den Beinen und

konnte nicht schlafen. Der Vater meinte dann, das käme vom Skifahren und vom Springen. Die Eltern trösteten ihn und massierten ihm die Beine, selbst wenn sie selber sehr müde waren. Auch der Hausarzt wusste keinen Rat. Wegen Ohrenschmerzen musste der Hannes eine Zeit lang jede Woche zum Ohrenarzt Dr. Tauber nach Schongau, da ging meistens die Emma mit ihm hin. Dr. Tauber hat ihm dann im Kreiskrankenhaus die Mandeln und Polypen herausoperiert. Das Problem mit den Ohren ist ihm leider trotzdem geblieben.

Kommunion und Firmung

Am Weißen Sonntag im Jahr 1953 ging Hannes zum ersten Mal zur Heiligen Kommunion in der Pfarrkirche auf dem Hohenpeißenberg. Zur Feier des Tages kamen Tante Helga Balles und Tante Betti Konrad aus München. Helga hat ihm eine grüne Boxkamera mitgebracht, mit der er lange Zeit sehr viel fotografierte. Natürlich wurde an dem großen Tag ein offizielles Foto gemacht, und zwar beim Fotografen Bindel in Peißenberg. Frau Erhard, die Mutter von seinem Freund Otto, ist mit den beiden Buben die 10 km zu Fuß hingewandert. Den Kommunionsanzug durften sie erst dort im Atelier anziehen, damit sie auch ordentlich dastanden auf dem Bild, dann ging's wieder die 10 km zurück nach Hause. Ein Jahr später, einen Tag nach dem Fußballwunder von Bern, am 5. Juli 1954, kam aus München der Kardinal Josef Wendel zur Firmung nach Peiting. Onkel Rudi, ein alter Schulfreund des Vaters, machte den Firmpaten und nahm ihn nach der Kirche mit auf einen Ausflug zum Starnbergersee. Der Tag ist dem Hannes in schöner Erinnerung geblieben, bei der Seerundfahrt durfte er sogar bei der Alten Bayern ans Steuer. Leider hatten die Eltern auch an diesem Tag wieder keine Zeit zum Mitfahren. Viel später erfuhr er, dass sein Pate Rudolf Stelzer, Oberregierungsrat im Bayerischen Verkehrsministerium, Mitglied bei der Waffen-SS und vom Vater in der Scheune versteckt worden war, als ihn die Amerikaner suchten.

Bei den Barmherzigen Brüdern

Es muss im Herbst 1954 gewesen sein, als Hannes zu den Barmherzigen Brüdern ins Internat kam. Da hieß es dann die Zähne zusammenbeißen, lernen und gehorchen. Den Tagesablauf hat er noch so ziemlich in Erinnerung:

5:45 Uhr   Wecken mit dem Ruf: „Gelobt sei Jesus Christus!" Antwort, neben dem Bett stehend: „In Ewigkeit Amen". Waschen, Zähneputzen, Bettenbau nach Vorschrift (Schachtelbau).

6:00 Uhr   Lernstunde im Klassenzimmer, Vorbereitung auf Probearbeiten oder sonstiger Lernstoff.

6:45 Uhr   Kirche

7:30 Uhr   Frühstück, dann Geschirrspülen

8:00 Uhr   Unterricht

12:00 Uhr   Mittagessen, Geschirrspülen. Nachüben im Klassenzimmer, wenn in einem Fach die Note drei nicht erreicht war.

14:00 Uhr   Unterricht

16:00 Uhr   Kaffeetrinken

17:00 Uhr   Lernstunde im Klassenzimmer, Vorbereitung auf Proben oder sonstiger Lernstoff.

18:00 Uhr   Abendessen, Geschirrspülen. Danach Zeit zur freien Verfügung

19:30 Uhr   Beten, Bett.

Es waren 48 Kinder in jeder Klasse. Entsprechend standen in den Schlafsälen 48 Betten. Im Waschraum gab es eine lange Wasserrinne mit 24 Kaltwasserhähnen. Diese Räume und überhaupt alle Einrichtungen in der Schule mussten von den Kindern selbst gereinigt und gepflegt werden. Während der Erntezeit im Herbst wurden die Kinder zum Obstpflücken und bei der Kartoffellese eingespannt. Es gab Spind-Appelle wie beim Militär, ebenso mussten die Schuhe vorgezeigt werden, und wehe, wenn sie nicht vorschriftsmäßig geputzt waren! Jede Woche am Freitag gab es panierten Fisch zum Mittagessen, das war für den Hannes die reinste Tortur. Schon von dem Geruch im ganzen Haus wurde ihm jedes Mal schlecht, doch trotz Schlägen und sogar, wenn man ihm das Gesicht in den Teller drückte, konnte er den Fisch nicht essen. Auch ein ärztliches Gutachten half nichts, er musste den Fisch essen, auch wenn er sich danach erbrach. Oft haben ihm seine Kameraden geholfen und den Fisch irgendwie von seinem Teller geschmuggelt, dafür hatten sie dann bei ihm etwas gut. Natürlich hatten die Kinder auch ihren Spaß miteinander, sie durften sich halt bloß nicht erwischen lassen. Es gab zwei Bambusstecken, „Pippin den Kleinen", und „Karl den Großen", mit denen wurde ihnen nach Bedarf der Hintern abgestaubt.

Am Anfang musste Hannes viele Nachmittage im Klassenzimmer verbringen, um zu lernen. War die Erziehung streng, so zeigte sich doch bald ein Erfolg, und später, in der Berufsausbildung und bei Fortbildungen, ist ihm die harte Schule zugute gekommen. Am Schluss hatte er keine Note mehr schlechter als Drei, jetzt war er einer der besten Schüler in seiner Klasse. Das machte ihn sehr stolz. Bis zum Ende der 8. Klasse blieb Hannes in Algasing, einen Qualifizierenden Hauptschulabschluss gab es noch nicht. Zwar hätte er die Chance gehabt, zu den Regensburger Domspatzen zu gehen – im Kirchenchor war seine gute Stimme bemerkt worden. Doch auch die Fürsprache von Lehrern, Freunden und Bekannten, man solle ihn auf eine weiterführende Schule schicken, stieß bei den Eltern auf taube Ohren. Der Vater hatte nur den einen Plan mit ihm, dass er eines Tages den Schächen übernehmen und weiterführen sollte, und wollte deshalb nichts davon hören. Dem Hannes blieb keine andere Wahl als sich zu fügen.

In den zweieinhalb Jahren im Internat haben ihn die Eltern

nur zweimal besucht. Sie hatten einfach keine Zeit für ihn, das Geschäft war zu wichtig. Kein Wunder, dass der Junge, so ganz auf sich allein gestellt und seelisch alleingelassen, überempfindlich reagierte, sobald ihn nur jemand krumm ansah. Schnell war dann eine Rauferei im Gange. Mit Größenphantasien half er sich über die schwierigen Pubertätsjahre hinweg, da war er dann der Klügste, klüger als die Lehrer und selbstverständlich viel klüger als die Eltern. Es war bestimmt keine leichte Zeit für ihn – und auch nicht für die andern, die ihn ertragen mussten!

Eine wichtige Mitteilung

Eines Abends gegen Ende der Osterferien, es muss im Jahr 1956 gewesen sein, denn es war sein letztes Schuljahr bei den Barmherzigen Brüdern, geschah etwas Ungewöhnliches. Der Vater kam hinter der Theke hervor, wischte sich die Hände ab und winkte dem Hannes seltsam vertraulich, dabei etwas verlegen zu: „Kommst du mal mit ins Wohnzimmer?" Noch bevor dieser Zeit gefunden hätte, sich über diese Aufforderung zu wundern, kam aus der Küche die Mutter, nickte ihrem Mann kurz zu, band sich die Schürze ab und ging ebenfalls auf die Tür des wohlaufgeräumten, nie benutzten, kalten Wohnzimmers zu. „Setz dich!", sagte sie zu dem beklommen dastehenden Jungen, ließ sich selber seitlich auf der Sofakante nieder, während der Vater in der Nähe des Fensters stehen blieb. „Wir haben dir etwas mitzuteilen", fing er dann an, räusperte sich umständlich und rang sichtlich um Worte. „Also, machen wir's kurz – wir wollten dir das schon längst mal sagen – du bist nämlich gar nicht unser leibliches Kind, wir haben dich als ein Findelkind aufgenommen." – Peng!
Der steife Polstersessel, in dem Hannes saß, schien unter ihm plötzlich weich zu werden, nein, er versank langsam im Boden, tiefer, immer tiefer, Hannes klammerte sich krampfhaft fest an den Armlehnen, machte die Augen zu, um nicht sehen zu müs-

sen, wie das ganze Wohnzimmer samt Sofa, Sesseln und Couchtisch gleich über ihm zusammenstürzen würde. Dieser Zustand, der Bruchteil einer Sekunde, schien eine Ewigkeit zu dauern, bis ihn das Geräusch von Schritten auf den Boden zurückholte. Jetzt sah er in weiter Ferne die Mutter auf den Schrank zugehen, ein stets verschlossenes Fach aufschließen und ein kleines Stoffbündel mit einem Strohhut herausnehmen.

„Hier, das sind die Sachen, die du angehabt hast, als sie dich auf dem Münchner Bahnhof gefunden haben!", sagte sie und legte ein Hemdchen und eine Hose samt dem winzigen Strohhut vor ihm auf den Tisch.

„Die Helga Balles hat dich da gesehen mit einem Namensschild um den Hals und hat dich mit nach Hause genommen", ergänzte der Vater.

„Ja, und weil ich damals gerade im Krankenhaus lag und man mir gesagt hat, dass ich keine Kinder mehr bekommen kann", redete wieder die Mutter dazwischen, „da hat die Tante Betty, die dort gearbeitet hat, mich gefragt, ob wir dich haben wollen".

„Dann haben wir dich adoptiert", schloss der Vater kurz und bündig die Eröffnung ab. „Du weißt ja, dass wir dich trotzdem lieb haben", fügte er noch hinzu, und die Mutter nickte. Dann gingen sie wieder an ihr Geschäft, wahrscheinlich sehr erleichtert, dass sie diese Sache nun hinter sich gebracht hatten. In zwanzig Minuten war alles erledigt.

Wie der Hannes aus dem Sessel und aus dem Zimmer herausgekommen ist, weiß er nicht mehr. Nur, dass er im Bett in die Kissen geheult hat – und dass er am nächsten Morgen brav ins Internat zurückgefahren ist. Wenn er nur mit jemand hätte sprechen können über diese schwierige Angelegenheit! So musste er alles mit sich alleine ausmachen und versuchen, die bruchstückhaften Angaben über seine Person zu einem Ganzen zusammenzufügen. Manches, was ihm bisher rätselhaft erschienen war, ergab plötzlich Sinn: Daher also die eigenartige Vertrautheit mit „Tante Betty", mit der Familie Balles! Und dann das distanzierte Verhältnis zu den Eltern. Dem Hannes wurde auf einmal so einiges klar. Sie waren gar nicht wirklich seine Eltern, sie hatten es einfach nicht geschafft, ihn ganz als ihr Kind anzunehmen. Nie mehr sind sie auf dieses Gespräch zurückgekommen, es hat keine weitere Aussprache gegeben. Große Worte zu machen, das war nicht ihre Sache, und die Kinder haben damals gewusst, dass man nicht zu viele Fragen stellen durfte. Später, als die Eltern nicht mehr lebten, hat Hannes die Kleidungsstücke gesucht, die er als Findelkind angehabt hatte. Aber sie waren nicht mehr aufzufinden. Wahrscheinlich haben die Eltern sie bald nach dem Gespräch weggeworfen, froh, dieses Kapitel abgeschlossen zu haben. So hat er damals auch nicht erfahren, was für ein Name auf dem Schild gestanden hat, das ihm um den Hals gehängt worden war. Oder dass er in Wirklichkeit gar nicht alleine dastand, sondern dass er in ein Münchner Kinderheim gebracht werden sollte, welches gar nicht mehr existierte, weil eine Bombe draufgefallen war.

FRÜHE VERANTWORTUNG

Das Ende der Kindheit

Man kann wohl sagen, mit der Eröffnung, er sei ein adoptiertes Kind, war für Hannes das Ende der Kindheit eingeläutet. Dies umso mehr, als er von den Eltern keine Hilfe bei der seelischen Verarbeitung dieser Erkenntnis bekommen konnte.

Dabei war die Mutter doch eine kluge Frau und keineswegs auf den Mund gefallen, wenn es im Umgang mit ihren Kunden oder in geschäftlichen Dingen etwas auszuhandeln oder auszufechten galt. Und nicht nur das. Später, bei ihrer Beerdigung, zu der mehr als 400 Leute anteilnehmend kamen, hat es sich gezeigt, wie beliebt und angesehen sie in der ganzen Gegend war. Besonders aber beim Umgang mit Geld und Rechnungen konnte ihr so schnell niemand etwas vormachen, darin war sie ihrer Schwiegertochter noch ein großes Vorbild geworden, als sie schon schwer krank war und im Betrieb kaum mehr mitarbeiten konnte.

Sprach- und hilflos war Kathi Dollinger also offenbar nur, wenn es um persönliche Dinge, um Gefühle ging. Sprachunfähigkeit, nicht nur was seelisches Befinden betrifft, sondern durchaus auch in Bezug auf Körperliches, also auf Krankheit und Sexualität, war ein Merkmal der Zeit um die Jahrhundertwende bis weit ins 20. Jahrhundert hinein. Über so etwas spricht man nicht! – das war die Botschaft der Erwachsenen an die Kinder, und so haben sie's dann auch gehalten. Persönliche Empfindungen waren nicht nur kein Thema, sie wurden verneint, verleugnet, als nichtexistent aus der Welt geschafft. Die Alltagswirklichkeit verlangte Unterordnung in vorgegebene Rollen, bestand aus Arbeit und Pflichterfüllung. Frauen mussten außerdem Kinder kriegen und großziehen, ihre bedingungslose Opferbereitschaft für die Familie galt als weibliche Tugend. Gehorsam bis zur Selbstaufgabe und äußerste Selbstdisziplin waren Ziel und Zweck jeder Erziehung.

Noch viel weniger als von der Mutter konnte der junge Hannes vom Vater verständnisvolle Hilfe erwarten. Gespräche waren sowieso nie seine Sache gewesen, hatte er sich doch kaum je im Laden sehen lassen, wo man verbindlich mit den Kunden hätte reden müssen. In der Metzgerei, am Hackstock, an der Wurstmaschine, da ging ihm die Arbeit von der Hand, und um sich mit seinen Metzgern zu verständigen, bedurfte es nicht vieler Worte. Später hatte er allmählich die Rolle eines unnahbaren Chefs angenommen, der in der Wirtsstube und im Dorf nach Gutsherrenart im gepflegten Anzug auftrat. Er hatte es nicht nötig, Probleme zu diskutieren, zudem war es ja viel leichter, alles Unzuträgliche mit Bier herunterzuspülen, also weshalb sollte man lang herumreden? Der Zapfhahn versagte und versiegte nie. Leider hat Alexander Dollinger bei den stets wachsenden geschäftlichen Herausforderungen im Wirtschaftswunderland immer öfter zu diesem Hilfsmittel gegriffen, so dass zuletzt gar nicht mehr mit ihm zu rechnen war.

Ein dunkles Loch

Mit der Mitteilung, dass er ein Adoptivkind sei, versuchte Hannes also alleine fertig zu werden. Nach der ersten Erschütterung stellte sich zunächst zu seiner Überraschung ein Gefühl der Entspannung ein, und zwar nicht nur, weil sich einiges Rätselhafte in seinem bisherigen Leben erklären ließ, sondern wohl vor allem deshalb, weil der Schmerz um die immer vermisste Zuwendung von Seiten der Eltern einer inneren Distanzierung zu weichen begann. Sollten sie doch machen, was sie wollten und arbeiten bis zum Umfallen! Er würde also weiter nichts mehr von ihnen erwarten, so ungefähr ging es ihm durch den Kopf. Und er musste sich auch keine Vorwürfe machen, wenn er nicht immer nur liebevoll an sie dachte. Wenn er allerdings glaubte, dieses Kapitel seines Lebens wäre damit abgeschlossen, so sollte er noch eines anderen belehrt werden. Der Einfluss der Eltern auf sein weiteres Fortkommen nahm keineswegs ab, wurde im Gegenteil noch beträchtlich stärker.

Andererseits stieß Hannes, je länger er über sich und sein Leben nachdachte, desto öfter auf ein undefinierbares Hindernis. Da war eine leere Stelle vor ihm aufgetaucht, ein gefährliches dunkles Loch, das ihn unheimlich anzog. Es fehlte ihm ein wichtiges Stück Information über seinen Anfang. Wo war er denn hergekommen, als Helga Balles ihn auf dem Münchner Bahnhof aufgegabelt hatte? Aus einem Kinderheim in Polen oder Norwegen, etwas Genaueres wisse man nicht, das war die Erklärung gewesen bei dem kurzen Wohnzimmergespräch. Er würde also nie erfahren, wer seine leiblichen Eltern waren, seine Mutter, seinen Vater nie kennen lernen, und nie wissen, weshalb sie ihn nicht hatten behalten können oder wollen? Dass die Adoptiveltern eventuell doch etwas mehr über seine Herkunft wissen könnten, oder dass es amtliche Stellen gibt, die ihm Auskunft hätten geben können, das kam ihm damals gar nicht in den Sinn. Er glaubte sich mit der Leerstelle an seinem Lebensanfang abfinden zu müssen, auch wenn ihn der Gedanke daran noch so sehr bedrückte. So schleppte er das schwarze Loch von nun an dauerhaft mit sich herum.

Was die Beziehung zu seinen Adoptiveltern betraf, so musste er bald feststellen, dass sie keineswegs mit ihm fertig waren. Im Gegenteil. Hatten sie sich bisher eher zu wenig mit ihm abgegeben, ihn gewissermaßen alleine laufen lassen, so fingen sie jetzt erst richtig an, sich für ihn zu interessieren. Denn wofür hatten sie ihn schließlich großgezogen? Doch einzig und allein dafür, dass er ihr Lebenswerk fortführen, ihr Geschäft übernehmen würde! Deshalb gab es nach dem Abschluss der Schule, übrigens mit einem sehr guten Zeugnis, keinerlei Diskussion, keine Widerrede: Hannes macht eine Metzgerlehre, und zwar im eigenen Betrieb. Basta.

Das „Findelkind", das Kind angeblich unbekannter Herkunft sollte durch die Metzgerlehre endgültig eine neue Identität bekommen und zur Familie Dollinger gehören. Johann Dollinger sollte der würdige Nachfolger eines Gastwirts- und Metzgerehepaars aus Oberbayern werden. Welche Auswirkungen das Versteckspiel und die aufgezwungene Berufswahl auf die Seele eines jungen Menschen haben würde, das hat damals niemanden interessiert. Es war praktisch und vernünftig, was da für den Jungen geplant wurde, und kein Mensch im ganzen Ort hätte sich etwas anderes vorstellen können. Er selbst eigentlich auch nicht, oder wenigstens sah er keine andere Möglichkeit, als dass es so sein müsste.

Lehrjahre

So begann Hannes also im Herbst 1957 die Lehre im Betrieb von Alexander Dollinger, wo er genau wie ein zweiter Lehrling bei den Metzgern schlafen musste und überhaupt keine andere Behandlung erfuhr als dieser. Nur dass der Vater allerlei zusätzliche Aufgaben für ihn hatte, die Hannes selbstverständlich erledigte, etwa am Samstag, wenn die andern frei hatten. Die anderen machten ihm das Leben auch nicht eben leichter, sie versuchten ihn zu schikanieren, wo es nur ging. Nach einem Jahr fasste er Mut und verlangte, in einem Fremdbetrieb weiterlernen zu dürfen. So kam er 1958 als Austauschlehrling zu einer Metzgerfamilie nach Augsburg, deren Sohn dafür nach Hohenpeißenberg ging. Zwei Jahre stand er hier durch, oft hat es Schläge gegeben, und wenn etwas schiefgelaufen ist, wer war schuld? Der Hannes natürlich!

Einmal ist er mit der rechten Hand in die vorschriftswidrig ungesicherte Knochensäge geraten. Zeigefinger und Daumen waren verletzt, er musste allein in die Unfallklinik gehen, wo man die Finger verarztet und eingegipst hat. Als er zurückkam, erhielt er nur Vorwürfe, weil er die Treppe mit Blut beschmutzt hatte. Trotz starker Schmerzen musste er die Stufen putzen und anschließend den Laden aufräumen. Wegen so einer Kleinigkeit, so wurde ihm gesagt, könne er durchaus noch mitarbeiten. Als er am nächsten Tag in der Berufsschule war, ging er nach dem Unterricht zur Bahnhofsmission, lieh sich dort ein paar Mark aus, um heim nach Hohenpeißenberg fahren zu können.

Dass Lehrjahre keine Herrenjahre sind, das ist dem jungen Hannes jedenfalls klar geworden. Als die Finger wieder verheilt waren, ist er nach Augsburg zurückgekehrt und hat seine Lehre im August 1960 mit der Gesellenprüfung abgeschlossen. Der praktische Teil der Prüfung wurde in einer Metzgerei in Peiting abgenommen, die theoretische Prüfung in der Schongauer Berufsschule. Als Geselle stand er dann wieder ein bei seinen Eltern, wo er bis zum Frühjahr 1961 arbeitete. Den Sommer über fand er eine Stelle im Schlosshotel Linderhof, einem Großbetrieb, wo es mittags manchmal über 1000 Essen zu bewältigen gab. Mit einem Moped, das er sich jetzt leisten konnte, machte Hannes schöne Ausflüge in die Berge, ging auch wandern mit dem Koch oder mit der netten Fini, die auch im Hotel arbeitete und die so gut Zither spielen konnte. An warmen Sommerabenden sangen und jodelten sie oft noch lange. Das war eine schöne Zeit. Auch im folgenden Sommer suchte er sich wieder auswärts eine Stelle, nachdem er den Winter über in Hohenpeißenberg gearbeitet hatte. Diesmal ging es nach Ochsenfurt am

Main, wo er fränkische Bratwürste machen und die fränkische Küche schätzen lernte.

Bundeswehr

Nach einem weiteren Winter im elterlichen Betrieb in Hohenpeißenberg wurde der regelmäßige Ablauf dieser handwerklichen Laufbahn unterbrochen durch die Einberufung zum Militärdienst. Im April 1963 begann die Grundausbildung in Kempten, wo die jungen Leute ordentlich durch den Dreck im Gelände gescheucht wurden. Auf dem ganzen Bodelsberg hat es keine Grasnarbe gegeben, die der Hannes nicht gekannt hätte. In allen Gangarten wurden sie gedrillt, auf Bäume mussten sie klettern, wo sie dann ausharren und die Höhenluft genießen durften. Doch die drei Monate sind, so „grauenhaft schön" sie waren, schnell vergangen. Danach kam Hannes zum Hochgebirgszug Bataillon 221 nach Mittenwald. Diese Zeit ist ihm wie ein langer wunderbarer Urlaub in Erinnerung geblieben, obwohl die Touren manchmal ganz schön schwierig waren. Im Winter war er in Steibis im Allgäu als Skilehrer tätig und, um die Urlaubskasse aufzubessern, als Skibetreuer bei Sport-Scheck. Und an den Wochenenden waren die Jungs vom Bataillon 221 Sommer wie Winter beim Bergwachtdienst eingeteilt. Seine gute körperliche Kondition durch das frühe Training am Skiberg kam dem Hannes jetzt zustatten. Auch hat er hier gelernt, was Freundschaft heißt, denn man war wirklich aufeinander angewiesen. An den freien Wochenenden, wenn er daheim war, hat er sich mit der Hohenpeißenberger Jugend im Bräuwastelkeller in Peißenberg getroffen, und manchmal haben sie ganze Nächte durchgefeiert, so dass der Sonntag nur zum Schlafen da war. Sogar einen Club hat die fröhliche Gesellschaft gegründet, den Perpendikel-Club, mit dem Motto, einfach nur lustig zu sein, ohne zu stänkern oder etwas zu zerstören.
Unvergessener Höhepunkt der Bundeswehrzeit blieb der Marsch

durch die Bayerischen Alpen mit anschließendem Aufenthalt in Frankreich. So ist dem Hannes dieser Lebensabschnitt wie im Flug vergangen. Später, als er wieder in die Alltagsarbeit eingespannt war, fand er viel zu selten Zeit, um öfters in die Berge zu gehen. Es ist für ihn aber jedes Mal ein Erlebnis gewesen, von dem er lange Zeit träumen konnte.

Verlobung

Als Hannes zwanzig Jahre alt zu sein glaubte – laut Eintrag beim Adoptionsgericht in Schongau war sein Geburtstag auf den 3. Dezember 1943, seinen Tauftag, festgesetzt worden – lernte er seine künftige Frau Edith kennen. Ohne Zweifel ist es eine von den Eltern eingefädelte Verbindung gewesen, denn sie hatten die Demmels samt Tochter Edith nicht ohne Hintergedanken zum zweiten Weihnachtsfeiertag 1963 in den Schächen eingeladen. Zufällig hatten sie bei einem Urlaub in Berchtesgaden einen Viehwagen mit der Aufschrift „Rasso Demmel Viehhandlung Berchtesgaden" gesehen und der Vater hatte ihn angehalten, denn er wusste, dass während des Krieges, als er selbst eingezogen war, ein Metzgermeister namens Demmel in Hohenpeißenberg in seiner Metzgerei beschäftigt gewesen war. Man erneuerte die alte Bekanntschaft und ein Treffen wurde vereinbart.

Edith, ein hübsches dunkelhaariges Mädchen mit freundlichen Augen, hat dem Hannes gleich sehr gut gefallen. Sie besuchte zu der Zeit die Hotelfachschule Kriener in Bad Reichenhall, was als eine ideale Voraussetzung für eine künftige Schächenwirtin angesehen worden ist. Da auch die beiden jungen Leute Gefallen aneinander fanden, war die Sache bald ausgehandelt und im Sommer 1964 gab es eine Verlobung. Bei einem Besuch zu Weihnachten im tief verschneiten Berchtesgaden erlebte Hannes erstmals ein Weihnachten in familiärer Atmosphäre. Aus heutiger Sicht kann man sagen, dass dieses Arrangement der Eltern Dollinger für ihren Sohn Hannes das Beste gewesen ist, was sie überhaupt für ihn tun konnten. Denn die beiden Eheleute, die in den folgenden Jahrzehnten viel Arbeit, schwere Entscheidungen, Krankheiten und Schicksalsschläge durchzustehen hatten, hielten unverbrüchlich zusammen. Die offizielle Verlobung fand statt in dem bewussten Wohnzimmer, das nur selten im normalen Alltag benutzt wurde. Die bekannte Geschichte von dem Findelkind unbekannter Herkunft und der Adoption wurde erzählt, und dann haben die Eltern Dollinger gleich die Sache in die Hand genommen und für alle Beteiligten die Planung der Zukunft in die Wege geleitet. Nämlich, da sei eine Wohnung frei über der Metzgerei, da sollten die Eltern Demmel einziehen und sie dann in der Wirtschaft unterstützen. Nicht nur das Brautpaar, auch die Brauteltern müssen sich ganz schön überrumpelt vorgekommen sein, doch nach und nach wurde alles tatsächlich so ins Werk gesetzt. Sicher hat bei diesen Überlegungen eine Rolle gespielt, dass bei Mutter Dollinger bereits deutliche Symptome der Parkinsonschen Krankheit zu spüren waren und dass sie deshalb vorsorgen wollten.

Im Herbst kam zuerst die Edith nach Hohenpeißenberg, nachdem sie die Prüfung als Hotelkauffrau mit Erfolg abgelegt hatte. Sie sollte sich im Betrieb einarbeiten unter der Anleitung von Hannes' Mutter, die allerdings inzwischen gesundheitlich stark beeinträchtigt war, so dass sie ihr nicht mehr allzu viel zeigen konnte. Bewundert hat Edith, wie schon gesagt, die Rechenkünste ihrer Schwiegermutter. Sie lernte in der Metzgerei und beim Verkauf der Fleisch- und Wurstwaren im Laden. Ihrem Verlobten gegenüber hat sich die Fachfrau über die altmodischen Praktiken in der Gaststätte ganz entrüstet geäußert, doch vor Hannes' Eltern hielt sie klugerweise ihren Mund. Besonders in der Küche stieß sie auf den erbitterten Widerstand der alten Emma, wenn sie vorsichtig etwas einführen wollte, was neueren Erkenntnissen entsprach. Emma war so viele Jahre unumschränkte Herrscherin in der Küche gewesen, sie wollte von dem „neumodischen Zeug" partout nichts wissen und wehrte sich gegen jede Veränderung. Das wurde in der Folgezeit für das junge Paar mehr und mehr zum Problem.

Hannes war jetzt in der Metzgerei voll beschäftigt. Der Vater verlangte, dass er sich vermehrt um die Produktion der Wurstwaren kümmerte, was dem bisherigen Alleinherrscher in der Wurstküche, dem Metzgermeister Max, überhaupt nicht passte. Max arbeitete nach Schema F, machte immer die gleiche Menge von den verschiedenen Wurstsorten, so dass häufig Überschuss vorhanden war, der dann vernichtet werden musste. Natürlich sollten dann die Verkäuferinnen schuld sein, weil sie ihre Waren nicht genug anpriesen. Als der Hannes einmal eine Auskunft über die Würze einer bestimmten Wurst haben wollte und Max ihn stehen ließ mit der Antwort: „Das ist ein Betriebsgeheimnis, das brauchst du nicht zu wissen!", kam es zum Eklat. Er stellte den Vater vor die Alternative: entweder der Max oder ich – und so musste der Max weichen, und Hannes wusste bald alles über die Herstellung der Wurst und über die Betriebsführung einer Metzgerei.

Hochzeit

Der Hochzeitstag wurde auf Montag, den 17. Mai 1965, festgelegt. Erst nachdem die Einladungen verschickt und alle Vorbereitungen angelaufen waren, erfuhr die Mutter, dass an diesem Tag ein Operationstermin in der Universitätsklinik in Freiburg für sie reserviert worden war. Ihr Leiden hatte sich in den letzten Monaten sehr verschlimmert, so dass sie kaum noch ohne Hilfe in die Küche, geschweige denn sonst irgendwohin, kommen konnte. Vielleicht war sie insgeheim froh, bei dem Fest nicht dabei sein zu können, so schwach wie sie sich fühlte, jedenfalls hat sie eine Verschiebung der Hochzeit energisch abgelehnt. In Gedanken werde sie ja dabei sein, beteuerte sie, und so blieb es also dabei.

Ediths Bruder Manfred kam bereits am Vortag mit seiner Frau Gisela, ebenso die Schwiegereltern und einige Verwandte von Hannes' Mutter, und zum Fest selbst erschienen natürlich auch Mitglieder der Familie Balles. Ein Freund hatte seinen dunkelblauen Mercedes hergeliehen, der wurde am frühen Morgen von einer Peißenberger Gärtnerei fachgerecht geschmückt. Dort hatte Hannes auch den Brautstrauß aus rosaroten Orchideen bestellt. Als er seine Edith im weißen Brautkleid mit den Blumen im Arm sah, ging ihm das Herz auf, so wunderschön war sie!

Die standesamtliche Trauung vollzog der Bürgermeister persönlich, danach ging's im Konvoi zur Wallfahrtskirche auf dem Hohenpeißenberg. Auf dem Weg zur Kapelle, die im Maienmonat festlich mit Birken und roten Bändern geschmückt war, fielen ein paar Regentropfen in die Brautkrone, künftigen Reichtum verheißend. Der Hohenpeißenberger Dreigesang, begleitet von Anderl Lenker an der Zither, sang die Bauernmesse von Anette Thoma, und Pfarrer Bernhard Bauer ermahnte sie in seiner Traupredigt, das Geschäft nicht als das allein Wichtige im Leben anzusehen, sondern auch an die Kirche zu denken. Dabei hat er natürlich nur das Seelenheil der jungen Brautleute im Auge gehabt!

Im Schächen im großen Saal war aufgedeckt, die treue Emma hatte das Hochzeitsessen gekocht mit Pfannkuchensuppe, verschiedenen Braten und Beilagen samt Nachtisch. Der Hochzeitslader aus Peißenberg spielte mit dem Akkordeon zum Tanz auf, am Nachmittag wurde, wie üblich, die Braut entführt und glücklich von Hannes in einem Café wieder gefunden. Bis spät in die Nacht haben sie gefeiert, wie es sich gehört bei einer richtigen Hochzeit, so dass die Brautleute am andern Tag frühmorgens recht müde am Flughafen in München-Riem standen, um ihre Hochzeitsreise anzutreten. Mit einer kleinen Propellermaschine der Swiss Air flogen sie über den Bodensee und die Alpen nach Zürich-Kloten, von dort ging's weiter nach Mallorca mit einer Caravelle, in der sie auf dem Flug ordentlich durchgeschüttelt wurden. Das alles war sehr neu und aufregend für die beiden jungen Menschen, die bis dahin noch kaum über die Berge in ihrer Heimat herausgekommen waren. Diese Reise und auch das schöne Fest davor ist ihnen als ein leuchtend heller Fleck in Erinnerung geblieben, denn nach ihrer Heimkehr hatte der beschwerliche Alltag sie bald wieder mit Beschlag belegt.

Der Schächen

Es war bereits vorher abgesprochen, dass das junge Paar nun die Metzgerei in eigener Verantwortung übernehmen würde. Ediths Eltern, die inzwischen eingezogen waren, sollten sie dabei nach Kräften unterstützen. Allerdings war ihre eigene Wohnung, die im Nebenhaus für sie vorgesehen war, noch eine Baustelle, so dass es gleich eine Menge Staub zu schlucken gab – und natürlich auch den bei solchen Unternehmungen üblichen Ärger. Als sie im Herbst endlich eingezogen waren, bekam Hannes von der Handwerkskammer die Aufforderung, zur Weiterführung der Metzgerei die Meisterprüfung abzulegen. So belegte er in Augsburg einen dreimonatigen Kurs in der Fleischerfachschule und legte am 14. Dezember 1965 mit Erfolg die Meisterprüfung im Metzgerhandwerk ab. Doch damit war der Bürokratie noch nicht Genüge getan. Von der Industrie- und Handelskammer in München kam nun die Mitteilung, dass er zur Prüfung nicht zugelassen werden könne, da ihm die erforderlichen Gesellenjahre fehlen und er außerdem mit 22 Jahren zu jung sei, um einen Betrieb zu führen. Hannes schrieb zurück, er habe die Meisterprüfung mit Befähigung zur Lehrlingsausbildung bereits abgelegt, und legte die Zeugnisse vor. Daraufhin wurde nachträglich die Genehmigung zur Betriebsführung erteilt, allerdings erst nach wiederholtem Briefwechsel und mit der Einschränkung, dass die Lehrlingsausbildung erst nach seinem 24. Geburtstag aufgenommen werden dürfe. In Wirklichkeit war er zu der Zeit schon fast 24 Jahre alt, da man sich mit seinem angenommenen Geburtsdatum am 3. Dezember 1943 um anderthalb Jahre verschätzt hatte, was sich allerdings viel später erst herausstellen sollte.

Als alle Formalitäten erfüllt waren, zeigte sich erst, worin für die jungen Leute die eigentliche Herausforderung bestand: Es war das alte Haus mit seinen vielen nach und nach ausgeführten An-, Ein- und Umbauten, denen nie ein Gesamtkonzept zugrunde gelegen hatte. Schon bei den ersten Veränderungen kurz nach der Währungsreform, als eine Zentralheizung eingebaut und die Fremdenzimmer mit fließend kaltem und warmem Wasser ausgestattet wurden, hatte man am falschen Fleck gespart und mit Rücksicht auf den heimischen Kohlebergbau eine Ölheizung nicht in Betracht gezogen. Das warme Wasser war nicht an die neue Heizung angeschlossen, sondern kam aus der Küche, was sich bald als unpraktisch erwies. Ein Bad wurde im zweiten Stock nachträglich eingebaut.

Der Keller unter dem im folgenden Jahr gebauten Schlachthaus war eigentlich überflüssig und völlig unbrauchbar – er war so feucht, dass der Salpeter an den Wänden blühte. Ein Bierkühlraum, die Schänke und die Küche wurden neu gebaut und für die Metzger eine Essecke eingerichtet. Dann hat man die Gaststätte mit einer Bauernstube und einem Frühstücksraum für die Pensionsgäste modernisiert. In den Läden auf der untersten Ebene war 1952 die Sparkasse ausgezogen, wenig später gab der Schreibwarenladen auf. Dafür kam zu der Poststelle und dem Friseurladen ein Lebensmittelgeschäft, was verschiedene Umbauten mit sich brachte. Leider hatte niemand daran gedacht, für die dort arbeitenden Menschen auch Toiletten einzurichten, sie mussten alle das einzige Klosett oben in der Wirtschaft mitbenützen. Außerdem gab es für sie auch keinen Anschluss an die Heizung, jeder Ladeninhaber war für seine Heizung selbst verantwortlich.

Die Aufregung um den Saalbau, mit dem um das Jahr 1958

begonnen wurde, hatte Hannes nur aus der Ferne erlebt, während er als Austauschlehrling in Augsburg war. Dabei kam es immer wieder zu groben Schnitzern und Pannen. Für den Anbau wurde zum Beispiel ein 18 Meter langer T-Träger aus Hannover mit einem Sattelschlepper geliefert. Als der Kranwagen ihn hochhievte, stellte sich heraus, dass er um 80 Zentimeter zu kurz war. Der Architekt hatte die Aufliegeflächen nicht mitberechnet! Die fehlenden 80 Zentimeter wurden neu bestellt, sie sollten vor Ort angeschweißt werden. Der Statiker musste alles neu berechnen. Als der Lastwagen eintraf, machten die Fahrer Brotzeit in der Wirtschaft, während man auf die zwei Schweißer aus Peiting wartete. Als die endlich da waren, fiel es erst auf, dass die Fahrer inzwischen abgefahren waren, ohne das Eisenstück abzuladen! So musste die ganze Prozedur eine Woche später noch einmal vorgenommen werden. Jedoch mit dem Saal mit den bunten Hochzeitsbildern an den Wänden war der Hannes sehr zufrieden. Geärgert hat er sich nur, dass die billigen Isolierfenster bald blind geworden sind, und da die Lieferfirma inzwischen pleite gegangen war, wäre eine Reklamation zwecklos gewesen.

Unter dem Saal war ein neuer Verkaufsraum für die Metzgerei entstanden. Leider wurde hier der gleiche Fehler gemacht, für die Verkäuferinnen keine Toilette vorzusehen. Außerdem mussten alle Waren aus der Metzgerei über eine steile Treppe in die Kühlräume hinter dem Laden hinunter geschleppt werden. Es ist ein Wunder, dass da nie ein Unfall passiert ist. Erst nach Jahren wurden Rohrleitungsbahnen für den Transport der großen Fleischstücke aus dem Schlachthaus in die Kühlräume der Metzgerei eingerichtet, gleichzeitig gab es einen neuen Brühkessel und eine Vorrichtung zur elektrischen Betäubung der Schweine.

Der alte Laden ist als Speisekammer und Lagerraum für die Küche umfunktioniert worden. Dummerweise hatte man nicht daran gedacht, im Eingangsbereich des Gasthauses eine Rezeption für die Pensionsgäste vorzusehen. So blieb es dabei, dass Zimmerreservierung und Schlüsselausgabe an der Theke im Schankraum abgewickelt werden mussten.

Irgendwann ist klammheimlich in einer Nacht- und Nebelaktion ein 30 000-Liter-Öltank in die Erde eingegraben worden. Heimlich deshalb, weil der Kohlebergbau am Hohenpeißenberg noch eine wichtige Rolle spielte und man niemanden verärgern wollte. Wunderbarerweise hat der Erdtank dicht gehalten, solange Hannes den Betrieb führte, aber mit einer vernünftig betonierten Wanne wäre ihm manche Sorge deswegen erspart geblieben.

Viel Geld ist mit all diesen Einzelmaßnahmen in den Sand gesetzt worden, dabei ist der Schächen doch immer ein altes Haus geblieben. Als Hannes und Edith das Geschäft übernahmen, erkannten sie erst nach und nach, was für ein Flickwerk das alles war. Ständig waren Handwerker im Haus, der Elektriker, der Installateur, auch der alte Onkel Hans, alle waren damit beschäftigt, das Ganze am Laufen zu halten. Auch fielen immer öfter die alten Maschinen aus, es mussten neue angeschafft werden, was den Neuanfang erschwerte. Und nicht immer konnten sie auf die Unterstützung der altgedienten Mitarbeiter zählen, die den Hannes noch als kleinen Bub gekannt hatten und als Chef nicht ernst nehmen wollten. Dazu kamen die neuen Supermärkte, die überall wie Pilze aus dem Boden wuchsen. Früher hatten die Konsummärkte in Schongau und Peiting noch Fleisch und Wurstwaren von ihnen bezogen, jetzt erwuchs mit den Großmärkten eine ernst zu nehmende Konkurrenz. Die Preise mussten angepasst und neue Abnehmer in Gaststätten und Kantinen gesucht werden. Hannes setzte deshalb vor allem auf gute Qualität.

Schnell wurde ihm klar, dass er sich neue Kundenkreise erschließen musste. Im ersten Jahr nach der Übernahme schaltete er in vielen Zeitungen in Norddeutschland Inserate, um Pensionsgäste anzuwerben, und tatsächlich sind die Übernachtungszahlen wieder gestiegen. In den Zeitungen der näheren Umgebung bot er seine Räume für Feste und Tagungen an, mit guter Resonanz. Firmen, Vereine, Gewerkschaften und Parteien tagten im Schächen, manche Veranstaltungen dauerten mehrere Tage, so dass das Haus bald gut ausgelastet war. Um die Gaststube größer und heller zu machen, beauftragte Hannes einen Architekten damit, die Terrasse mit einem Wintergarten ins Lokal einzugliedern, was sehr gut gelungen ist. Nach dem Umbau ließ Hannes alle Fremdenzimmer frisch streichen, das Anheben der Vorderfront hatte Spuren hinterlassen. Die Kunden waren zufrieden, und für die Kinder hat man einen Spielplatz im Garten eingerichtet.

An diese erste Zeit mit ihren kleinen Erfolgen denken die Dollingers noch heute gern zurück. Und pünktlich im Mai, fast genau ein Jahr nach der Hochzeit, kam ihre erste Tochter Petra gesund zur Welt – ein schöner Augenblick des Glücks!

Schwierigkeiten, Streitigkeiten

Auch die schwerkranke Mutter hat ihr erstes Enkelkind noch im Arm gehalten. Ein knappes halbes Jahr später, im September 1966, verstarb sie unerwartet plötzlich und hinterließ eine große Lücke, wie sich bald herausstellte. Obwohl sie zuletzt nichts mehr tun konnte, hatte sie allein durch ihre Anwesenheit den Laden zusammengehalten. Am schwersten hat es den Vater getroffen, er schien sich völlig aufgegeben zu haben. Mit seiner Trinkerei wurde es so schlimm, dass Hannes und Edith den Weinkellerschlüssel vor ihm zu verstecken versuchten. Trotzdem fand er natürlich immer etwas Trinkbares. Für die Gaststätte zeigte er keinerlei Interesse mehr, so dass die jungen Leute bald auch hier eingreifen mussten.
Zur gleichen Zeit ging die treue und erfahrene Resi aus gesundheitlichen Gründen in Rente. Sie zog in eine kleine Wohnung

in der nahen Rigi-Straße. Doch wenn im Schächen besonders viel los war, kam sie noch manchmal zur Aushilfe. Wo sie hinlangte, lief alles gleich wie am Schnürchen.

Mit der guten Emma gab es indessen immer größere Schwierigkeiten. Kam die kleine Petra in die Küche, ließ sie alles liegen und stehen und sah nur noch das Kind. Sogar in die Erziehung mischte sie sich ein, erlaubte der Kleinen alles und verwöhnte sie, auch wenn die Eltern ausdrücklich etwas anderes bestimmt hatten. Überhaupt wollte sie einfach nicht einsehen, dass die jungen Leute jetzt das Sagen hatten. Oft bestellte sie bei den Vertretern Lebensmittel und andere Waren nach Gutdünken, ohne sich vorher abzusprechen, und gegen jede Neuerung wehrte sie sich erbittert. Die Geschirrspülmaschine, die sie auf einer Messe erstanden hatten, wollte sie erst gar nicht in Betrieb nehmen, das Gerumpel halte sie nicht aus, schimpfte sie. Schließlich, als sie sich doch hatte überzeugen lassen, dass es mit der Maschine schneller ging und dass alles sauber herauskam, bestand sie doch immer noch darauf, am Schluss eigenhändig das Geschirr aufzuräumen. „Ihr braucht mich wohl nicht mehr!" – das war ihre schärfste Waffe, und so blieb „um des lieben Friedens willen" manches beim Alten. Wahrscheinlich kam ihre gereizte Stimmung auch daher, dass sie oft Schmerzen in den Beinen hatte, mit ihren Krampfadern und offenen Stellen.

Schließlich gab es im November desselben Jahres einen Riesenkrach mit Edith und ihren Eltern. Diese packten kurzerhand ihre Sachen und gingen mitsamt Edith und Petra zurück nach Bischofswiesen bei Berchtesgaden, wo der Schwiegervater den Viehhandel wieder aufnahm. Zum Glück ist Edith mit der kleinen Tochter nach vierzehn Tagen wieder gekommen, und seither haben Hannes und Edith in allen Stürmen wirklich zusammengehalten. Freilich dauerte es noch ein Weilchen, bis sie sich wieder aufgerappelt hatten. Vielleicht war es ganz gut, dass Hannes ausgerechnet dann für vier Tage zu einer Militäreinsatzübung nach Mittenwald einberufen wurde. Für den Haushalt und zur Betreuung der kleinen Petra wurde eine Hilfe eingestellt und so hat sich der Alltag wieder normalisiert.

Unfälle und Krankheiten

Dafür gab es jetzt neue Aufregungen. Zuerst verunglückte der Schwiegervater. Mit einem Viehtransporter voller Schweine ist er in der Nähe von Piding gegen einen Baum gefahren. Das Führerhaus war total eingedrückt, zum Glück war er nicht angeschnallt und ist vorne durch die Windschutzscheibe geflogen. Mit einigen Knochenbrüchen kam er glimpflich davon, musste aber ein paar Monate in Bad Reichenhall im Krankenhaus liegen. Sofort danach kaufte er sich wieder einen Transporter und war entschlossen, den Viehhandel weiter zu führen.

Das war im Herbst 1968, als viel Betrieb war im Schächen. Edith wollte nach ihren Eltern schauen und fuhr im neuen VW-Variant mit der kleinen Petra nach Berchtesgaden. Spät in der Nacht erhielt Hannes einen Anruf von der Autobahnpolizei, dass Edith einen schweren Autounfall gehabt habe, man wisse noch nicht, wie es ihr und dem Kind gehe. Hannes versuchte über die Schwiegereltern etwas zu erfahren, doch auch sie wussten nichts. So hatte er eine furchtbare Nacht der Ungewissheit durchzustehen. Erst am anderen Morgen kam die erlösende Nachricht, es gehe beiden soweit ganz gut. Ein Freund fuhr mit ihm hin, in Bernau sahen sie das demolierte Auto. Die linke Tür war ganz abgerissen, das Dach war nur noch so hoch wie die Motorhaube, die hinten liegenden Alukisten eingedrückt. Ein Wunder, dass den beiden außer Prellungen nichts Schlimmes passiert war, sie kamen ihm im Krankenhaus schon auf dem Flur entgegen.

Um sich von dem Schreck zu erholen, blieb Edith mit dem Kind noch ein paar Tage bei ihren Eltern. Da erlitt ihr Vater in der Nacht einen Schlaganfall, von dem er Sprachstörungen und eine halbseitige Lähmung davontrug. In den ihm verbleibenden zwanzig Jahren hat er Hannes und Edith trotz seiner Behinderung noch viel geholfen.

Gleich im Januar des neuen Jahres 1969 mussten sie Vater Dollinger mit Verdacht auf Diabetes ins Krankenhaus bringen. Wahrscheinlich hatte er die Krankheit schon jahrelang mit sich herumgeschleppt, nun waren sein Körper und wohl auch der Lebenswille so sehr geschwächt, dass die Ärzte ihm nicht mehr helfen konnten. Wenig später starb er. Noch vor der Beerdigung kamen die Verwandten, um bestimmte Besitzansprüche geltend zu machen. Das hat den Hannes sehr getroffen. Es gab wieder eine große Beerdigung mit vielen Leuten aus der ganzen Umgebung. Damit war nun ein weiteres Kapitel in der Lebensgeschichte des Hannes Dollinger abgeschlossen.

Freilich stand ihm und seiner Frau die eigentliche Bewährungsprobe noch bevor, da sie nun die volle Verantwortung für den ganzen Betrieb übernehmen mussten. Das ging nur, wenn sie von allen respektiert wurden, und das war gar nicht so einfach, denn das Personal war stark überaltert, sie selber aber immer noch so jung! Die meisten sagten du und den Vornamen zu ihm, hatten sie doch schon miterlebt, wie er als Findling ins Haus kam! Doch der Hannes konnte sich bald als Chef durchsetzen. Glücklicherweise war auch das Verhältnis zu Ediths Eltern inzwischen ganz entspannt, sie kamen wieder nach Hohenpeißenberg und zogen in die leer gewordene Wohnung der Eltern. So konnten sie sich gegenseitig helfen, das war für alle eine gute Lösung.

Doch die nächsten Aufregungen ließen nicht lange auf sich warten. Zuerst kam Petra mit einem durchgebrochenen Blinddarm auf den Operationstisch. Dabei hatten sie Glück, dass zufällig der Chefarzt im Peißenberger Knappschafts-Krankenhaus das Kind untersuchte und sich sofort zur Operation entschloss. Zwei Wochen lang durften sie ihre Tochter nicht besuchen, damit sich das Kind nicht unnötig aufregen sollte, wenn die Eltern dann wieder weggehen.

Es gab aber auch Erfreuliches in dieser Zeit: Im Januar 1970 kam eine zweite Tochter zur Welt. Sie erhielt den Namen Vera. Doch schon wenige Wochen später wurde der stolze zweifache Vater ebenfalls mit der Diagnose Blinddarmentzündung ins Krankenhaus gebracht, wo Ediths Mutter bereits lag, und zwar nach einer Unterleibsoperation.

Der Blinddarm war schnell entfernt und man hätte aufatmen können, doch dann bekam Hannes erneut starke Schmerzen und hohes Fieber. Die Ärzte waren ratlos, beobachteten tagelang, es ging ihm immer schlechter, er konnte sich kaum noch auf den Beinen halten. Erst als er schließlich oben und unten krampfhaft alles von sich gab, was noch in ihm drin gewesen war, ergab eine erneute Untersuchung die richtige Diagnose: Ein faustgroßer Tumor hatte einen Darmverschluss verursacht! Während hastig die Vorbereitungen für eine erneute Operation getroffen wurden, erreichte ihn ein Anruf von Edith, dass ihr in Peiting ein Mädchen ins Auto gelaufen und verletzt worden sei. Genaueres konnte sie gar nicht sagen, sie stand noch unter Schock und hatte keine Ahnung, was sie nun tun sollte. So musste Hannes im Vorraum des Operationsraums, während das verletzte Mädchen an ihm vorbeigeschoben wurde, die Versicherung anrufen und sicherstellen, dass seine Frau bei der Abwicklung des Unfalls unterstützt wurde. Die Beruhigungsspritze hatte er bereits bekommen, und wahrscheinlich hat sie ihm geholfen, einen klaren Kopf zu behalten, so konnte er noch alles telefonisch regeln.

Was für eine schwere Operation er vor sich hatte, war ihm in dem Moment überhaupt nicht klar gewesen. Deshalb war er sehr überrascht, dass er beim Aufwachen in seinem Krankenzimmer eine Menge Ärzte und Schwestern um sein Bett stehen sah, die ihn besorgt anschauten. Er fand sich an allerlei Schläuche und Injektionen angeschlossen, konnte sich überhaupt nicht rühren und hatte starke Schmerzen. Auch staunte er nicht schlecht, als spät am Abend sein alter Hausarzt bei ihm auftauchte, der ihn noch einmal sehen wollte. Er hatte es nicht für möglich gehalten, dass er die Operation überleben würde! Dann wurde ihm mitgeteilt, dass der Tumor bösartig war, was man noch während der Operation festgestellt hatte. Da verließ den Hannes schließlich doch der Mut und er glaubte bald selbst nicht mehr, dass er wieder heimkäme.

Wunderbarerweise erholte er sich aber bei künstlicher Ernährung und ständiger Überwachung zusehends, und bald interessierte er sich wieder für Ediths Berichte aus dem Schächen, den sie nun ganz alleine führen musste. Fast hätte er lachen müssen, als er erfuhr, dass sie statt einem Stier versehentlich eine Kuh zum Schlachten gekauft hatte! Nach zwei Wochen bekam er zum ersten Mal wieder etwas zum Essen, nun ging es wieder bergauf und nach sechs Wochen wurde er entlassen. Nicht lange danach standen 10 Ärzte und Pflegerinnen bei ihm in der Wirtsstube und verlangten das Essen, das er ihnen noch kurz vor der Operation versprochen hatte, wenn er wieder gesund heimkäme. Es ist ein lustiger Abend geworden.

Die Last wird größer

Hannes wurde wieder gesund, der Krebs war besiegt. Dafür machten ihm zunehmend Magenbeschwerden zu schaffen, Schmerzen nach dem Essen, Gewichtsverlust. Er schob es auf die viele Arbeit, die fehlenden Erholungspausen, und biss die Zähne zusammen. Einen Ruhetag einzuhalten wagte er vorläufig nicht. Früh am Morgen stand er in der Metzgerei, mittags in der Küche, am Nachmittag mussten die Einkäufe getätigt werden, Abends war sein Platz an der Theke in der Gaststube, oft bis spät in die Nacht. Außerdem gab es jede Menge Schreibtischarbeit: Buchführung, die Abrechnung mit den Bedienungen, Planung und Koordination der Veranstaltungen, Einstellungsgespräche. Dabei wurde es schon in den 70er Jahren zunehmend schwieriger, gutes Personal zu finden, zwei Bedienungen holte er aus Österreich, weil Deutsche das nicht mehr machen wollten. Eine Jugoslawin bewarb sich als Putzfrau; als sich jedoch zeigte, dass sie keine gültigen Papiere hatte, wurde sie schnell wieder entlassen.

Als Hannes und Edith nach ein paar Jahren einmal im Herbst zwei Wochen Betriebsurlaub machten, wurde im Ort gleich geredet: „Der verdient wohl zuviel, dass er sich zwei Wochen Urlaub leisten kann!" Entsprechend lang und anstrengend war natürlich auch für Edith der Arbeitstag. Schwer fiel es ihnen aufs Herz, als sie sich eingestehen mussten, dass sie wirklich überhaupt keine Zeit mehr für ihre Kinder hatten! Dabei war es ein großes Glück, dass Ediths Eltern im Haus wohnten und sich um den Haushalt und die beiden Mädchen kümmerten. Der halbseitig gelähmte Großvater ging mit der kleinen Vera, die immer ein kleines Wägelchen mit Puppen oder Stofftieren hinter sich herzog, viel spazieren. Überhaupt war es erstaunlich, was er mit einer Hand noch alles zustande brachte. Er kehrte den Hof, räumte sogar den Schnee weg im Winter, bis er Blasen an der Hand hatte. In seiner kleinen Werkstatt bastelte und werkelte er unentwegt, drechselte Schachfiguren und Spielsachen, erledigte kleinere Reparaturen und freute sich, wenn man seine Arbeit lobte. Ediths Mutter versorgte den Haushalt und die Kinder. Petra, die ältere, kam gern ab und zu in die Metzgerei, um zu „helfen". Dann brachte sie einen kleinen Hocker mit, damit sie auf den Tisch sehen konnte – wie es früher der kleine Hannes auch gemacht hatte. Bei Vera hat es lange gedauert, bis sie sprechen lernte, nur das Wörtchen Wurst konnte sie schon bald sagen, wenn sie mit dem Opa im Laden vorbei kam.

Zu all der täglichen Arbeitslast hat Hannes sich auch noch in die Ortspolitik eingemischt. Bei einer Gemeinderatssitzung, die in seinem Bauernstüberl abgehalten wurde, sollte ein Zuschussantrag des örtlichen Verkehrsvereins zugunsten des Fußballvereins zurückgestellt werden. Da meldete er sich zu Wort und führte in einer nicht ganz leidenschaftslosen Rede aus, dass der Verkehrsverein ja wohl der einzige Verein sei, welcher der Gemeinde Geld bringt, und dass er deshalb diesen Zuschuss bekommen müsse. Es gab eine hitzige Debatte, die damit endete, dass der Bürgermeister ihm das Wort verbot. Das konnte und wollte nun aber Hannes Dollinger nicht auf sich beruhen lassen. Er informierte die Hohenpeißenberger Geschäftsleute und gemeinsam gründeten sie eine Interessengemeinschaft für den Verkehrsverein. Jetzt musste die Gemeinde wohl oder übel mitmachen, sie übernahm die laufenden Kosten für das Büro und die Verwaltung, sowie für moderne Werbebroschüren. Und das ist bis heute so geblieben.

Eine andere kleine Auseinandersetzung gab es wenig später mit dem Ortspfarrer, der von ihm ein Grundstück kaufen wollte, um ein Pfarrzentrum nebst Kindergarten errichten zu können. Hannes und Edith hatten sich die Pläne für das Bauvorhaben genau angeschaut, und sie machten ihre Zustimmung von bestimmten Bedingungen abhängig. Einmal sei es ihnen wichtig, dass wegen der Aussicht von ihrem Neubau aus die vorgeschriebene Bauhöhe eingehalten werde. Dann erbäten sie sich die schriftliche Zusage, dass Speisen und Getränke für Veranstaltungen vom Gasthof Schächen bezogen werden. Schließlich wolle man sich doch keine Konkurrenz in die Nachbarschaft einladen. Um dies alles abzusichern, hielten sie eine notarielle Eintragung für unerlässlich. Pfarrer und Bürgermeister waren anderer Meinung, versuchten eine formlose Zustimmung durchzusetzen, vergebens. Der Pfarrer verließ wütend das Lokal, hieß Dollinger einen Querulanten, rief jedoch wenige Tage danach an und gab einen Notartermin durch. Und tatsächlich musste sich Hannes später mehrmals auf die schriftlich niedergelegten Vereinbarungen berufen, so dass der Pfarrer, wenn er ihn von weitem auf der Straße kommen sah, auf die andere Seite wechselte, um nur nicht mit ihm zusammenzutreffen! Aus dem Findelkind mit dem Strohhut war ein tüchtiger und selbstbewusster Geschäftsmann geworden.

Abschied vom Schächen

Trotz aller Anstrengungen wurde es immer schwieriger, den Betrieb gewinnbringend zu führen. Die Erhaltungskosten für das große Haus stiegen ständig, und allmählich mussten sich die Dollingers eingestehen, dass sie nicht mehr in der Lage waren, das Anwesen in der bisherigen Form zu erhalten. Gewisse innere Vorbehalte gegen den Metzgerberuf und überhaupt gegen die Übernahme des elterlichen Vermächtnisses, die Hannes bisher tapfer niedergerungen hatte, wurden wieder stärker und ließen sich schließlich überhaupt nicht mehr zum Schweigen bringen. Er begann über einen Ausweg nachzudenken.

An einem grauen Tag im November 1973 brachte Hannes mit einem ziemlich wehmütigen Gefühl die treue, alte Emma aus dem Schächen in eine kleine Wohnung, die sie sich eingerichtet hatte. Gesundheitlich war sie nicht mehr in der Lage, den ganzen Tag in der Küche zu stehen. Zwar hatte sie gemeint, es lohne sich nicht, die drei kleinen Zimmer schön herzurichten, da sie ohnehin bald sterbe – dabei hat sie hier noch 25 Jahre lang in Ruhe ihren Lebensabend verbracht. Hannes hat sie oft dort besucht, auch als er nicht mehr im Ort lebte, hat ihr die Kinder gebracht und auch selber bei ihr übernachtet, wenn es im Schächen Pächterprobleme gab. Das alte liebevolle Verhältnis war wieder hergestellt, hatte sie ihm doch in seinen Kindertagen die Aufmerksamkeit und Wärme geschenkt, die er zum Überleben so dringend brauchte.

Niemand wusste ja besser als er, welch unschätzbare Dienste Emma dem Haus und der Familie in all den Jahren geleistet hatte. Früh um fünf Uhr ist sie jeden Tag aufgestanden, als erste stand sie in der Küche, um Feuer zu machen und das Frühstück für die Pensionsgäste herzurichten. Dann bereitete sie alles vor fürs Mittagessen, machte die wunderbarsten Braten und dazu Spätzle, Gemüse und Klöße, und erst ihre Suppen, die waren berühmt weit und breit. Köstliche Nachspeisen konnte sie ebenfalls zaubern – alles ohne spezielle Ausbildung und ohne sich eigentlich als Köchin zu verstehen. Sie sei ihr Leben lang ein Dienstmädchen gewesen, hat sie immer gesagt. Sie kannte keinen Feierabend, keinen Urlaub, bis spät abends fand sie immer noch etwas zum Aufräumen oder zum Saubermachen – und das ursprünglich ohne Tarif- oder Arbeitsvertrag oder sonst eine offizielle Regelung. Sie gehörte einfach zur Familie. Auch in der Zeit der Übergabe des Hauses und später, als es dann endlich doch zum Verkauf kam, hat Emma dem Hannes den Rücken gestärkt und die oft schweren Belastungen und schwierigen Entscheidungen erträglicher gemacht. Hannes hat sie in liebevoller Erinnerung behalten.

Kurz vor ihrem Tod hat Emma dann noch einmal in sein Schicksal eingegriffen und ihm eine jahrzehntelang geheim gehaltene Information weitergegeben, die sein weiteres Leben erneut in eine andere Richtung lenken sollte.

Mit Emmas Weggang war im Schächen eine Epoche zu Ende gegangen. Hannes und Edith waren jetzt entschlossen, die Metzgerei aufzugeben, die Gaststätte zu verpachten und einen beruflichen Neuanfang in München zu versuchen. Nach einigem Suchen fand sich ein Pächter, der zu dem traditionsreichen Wirtshaus zu passen schien, und die Übergabe wurde in allen Einzelheiten sorgfältig durchgeführt und protokolliert, das ganze Inventar aufgenommen. Es war kein leichter Entschluss gewesen, und es tat trotz allem weh, nun alles zurückzulassen. Doch beide, Edith und Hannes, hatten keine Zukunft mehr für sich und ihre Familie dort gesehen.

Im Februar 1974 zog Hannes nach München und fing an in der Metzgerei einer Lebensmittelkette in der Rheinstraße zu arbeiten. In der Adalbertstraße richtete er für seine Familie eine Wohnung ein, im Juni kam Edith nach. Sie konnte bei derselben Firma in der Fleischabteilung eine Anstellung bekommen. Beide verstanden dies als Übergangslösung, für Hannes stand inzwischen fest, dass er einen beruflichen Neuanfang versuchen wollte.

Ediths Eltern, die noch mit den Kindern in Hohenpeißenberg geblieben waren, zogen im Herbst in eine eigene Wohnung in die Balanstraße, wo Petra in der Bazeillesschule eingeschult wurde. Der Schwiegervater bemühte sich trotz seiner Lähmung um eine Stelle als Parkwächter des Theologischen Zentrums vom Kloster „Zum Guten Hirten", wo er bei Hitze, Regen oder Schnee den Studenten ihre Parkplätze zuwies. Es war einfach wichtig für ihn, noch gebraucht zu werden.

Eine neue Lebensphase

Edith und Hannes fanden sich schnell in ihrem neuen Leben in der Großstadt zurecht. Wahrscheinlich war es zuerst einfach eine riesige Erleichterung, dass sie nun beide einen geregelten Achtstunden-Arbeitstag hatten. Das muss nach der nie enden wollenden Plackerei im Schächen ein ganz neues Lebensgefühl für sie gewesen sein. Hannes hatte sich in seiner Pfarrgemeinde St. Wolfgang beim Kirchenchor gemeldet, wo er begeistert die sonntäglichen Messen einstudierte und mitsang. Dabei lernte er neue Leute kennen, bald fanden sich auch Wanderfreunde, die sonntags ab und zu mit ihm in die Berge gingen. Die Kinder waren untertags bei den Großeltern in guter Hut, abends nach der Arbeit trafen sich immer alle bei ihnen in der Balanstraße. Dennoch, oder vielleicht gerade wegen der einsetzenden Entspannung, machte sich bei Hannes sein Magenleiden immer stärker bemerkbar. Er konnte kaum noch essen, litt ständig unter Schmerzen und nahm rapide ab. Eine Magenspiegelung ergab die Diagnose: ein Magengeschwür und chronische Gastritis. Sein Hausarzt, der früher in Hohenpeißenberg eine Praxis gehabt hatte und ihn schon lange kannte, riet dringend zu einer Umschulung in einen anderen Beruf und leitete ein entsprechendes Gutachten an die Bundesversicherungsanstalt für Angestellte weiter.

Schon im Herbst 1975 begann Hannes mit der zweijährigen Ausbildung zum Bürokaufmann und legte Ende Juli 1977 die Prüfung mit Erfolg ab. Beim Arbeitsamt in München begann er mit einer Zeitarbeit, von dort aus suchte und fand er eine Stelle beim Versorgungsamt in der Bayerstraße, wo er bis 1981 blieb. Dann gelang ihm der Wechsel zur Bundesvermögensverwaltung (BVV), wo er sich besonders für die elektronische Datenverarbeitung interessierte, die damals noch in den Anfängen steckte.

Zunächst als Schreibkraft hatte Edith schon ein Jahr zuvor bei der BVV angefangen. Als gelernte Hotelkauffrau war sie davor ein paar Jahre lang in der Abrechnungskontrolle des renommierten Münchner Nobelhotels Bayerischer Hof tätig gewesen. An die gute Atmosphäre dort und den netten Kollegenkreis denkt sie gern zurück. Bei der BVV wurden beide nach einigen Jahren zu einem Lehrgang zur Verbeamtung zugelassen und nach erfolgreicher Prüfung als Beamte der Bundesrepublik übernommen. Ein entscheidender Schritt zur Zukunftssicherung der Familie war damit gelungen.

Die Zeit der beruflichen Neuorientierung hat den beiden Dollingers ganz neue Eindrücke gebracht, sie haben viel gelernt und es als eine positive Herausforderung erlebt. Doch immer noch schleppten sie Altlasten aus dem vorigen Lebensabschnitt mit sich herum. Da gab es vor allem gleich von Anfang an Probleme mit den Pächtern der Gastwirtschaft in Hohenpeißenberg. Der erste Pächter, sorgfältig geprüft und ausgewählt, erwies sich als Reinfall, er zahlte die Pacht nicht, reagierte nicht auf Kündigung, so dass eine Zwangsräumung nötig wurde. Hannes hatte Glück im Unglück, der Anwalt, den die Brauerei ihm empfahl, war gerade dabei sich zu habilitieren und machte den Fall zu seinem Exempel. Innerhalb einer Woche konnten sie die Räumung mit Hilfe der Polizei durchführen, und Hannes bekam außerdem privaten Nachhilfeunterricht im Fach Betriebswirtschaftslehre. Der Anwalt hat ihn nicht nur bei der nachfolgenden Gerichtsverhandlung, wo es um Schadensersatz ging, erfolgreich vertreten, sondern auch bei weiteren Auseinandersetzungen mit den nächsten Pächtern.

Nach all diesen schlechten Erfahrungen entschlossen sie sich schließlich, den Schächen zu verkaufen. Zwar ging auch das nicht ohne erheblichen Aufwand und persönlichen Einsatz, denn bauliche Auflagen sollten erfüllt werden. So mussten unter anderem noch in allen Stockwerken zusätzliche Toiletten und Duschen eingebaut werden.

Dann endlich, im Herbst 1978, gelang es nach langem Suchen, einen Käufer zu finden. Mehr als einmal waren Kaufinteressenten wieder abgesprungen, einer war sogar noch aus dem Büro des Notars weggelaufen, wegen irgendeiner Lappalie. Zum Glück, wie sich bald herausstellte, denn wenig später wurde der Mann am Tegernsee ermordet aufgefunden. Er muss in allerlei dubiose Maklergeschäfte verwickelt gewesen sein.

Als endlich alles abgewickelt und der Verkaufsvertrag unterschrieben war, konnte Hannes vor Magenschmerzen kaum noch aufrecht stehen. Es war höchste Zeit für eine Operation! Zwei Drittel des Magens wurden entfernt – seitdem lebt er ohne Schmerzen und kann wieder alles essen. Und das obwohl doch schon einmal ein ganzes Stück aus ihm herausgeschnitten worden war, aus seinem Darm, wegen des Tumors. Fast möchte man meinen, dahinter steckte Methode. Nagte da etwas an ihm, wollte ihn von innen her auffressen? War es der dunkle Fleck auf seiner Seele, der wie ein schwarzes Loch ansaugte, was ihm zu nahe kam? Immer wieder sollte es in den nächsten zehn Jahren im Leben des Johann Dollinger Anlass geben, sich mit solchen Gedanken auseinanderzusetzen.

Von außen her betrachtet, hatte Hannes sein Leben wieder gut in den Griff bekommen. Altlasten waren bereinigt, neue Berufschancen gefunden und ergriffen worden, der Familienalltag mit Hilfe der Schwiegereltern bestens organisiert. Der neue Lebensabschnitt sollte nun mit dem Erwerb eines Eigenheims sozusagen eine feste Form erhalten. Zuerst hatte er ja an ein Häuschen mit Garten gedacht, aber die kluge Edith konnte ihn davon überzeugen, dass dies nur neue Belastungen mit sich bringen würde. Für die Finanzierung war es notwendig, dass sie beide voll berufstätig blieben, wie sollten sie sich da um einen Garten kümmern? So einigte man sich auf den Ankauf einer Eigentumswohnung mit Balkon in einem eben im Entstehen begriffenen Gebäudekomplex in der St.-Cajetan-Straße, im vierten Stock, mit Aufzug und Tiefgarage. Voller Vorfreude ist Hannes, oft in Begleitung einer seiner Töchter, fast täglich zu der Baustelle hin gepilgert und hat den Fortgang der Arbeiten beobachtet.

Endlich, am 5. April 1981, war es soweit: der Umzug mit allem Hab und Gut erforderte einen Lastzug samt Anhänger, aber alles passte wie ausgemessen in die großzügig geschnittene Wohnung hinein und so fand sich die Familie Dollinger glücklich vereint in den eigenen vier Wänden wieder. Am ersten Wochenende saßen sie alle zusammen mit den Großeltern bei strahlendem Wetter auf dem geräumigen Balkon, und als wenig später auch Emma und Resi aus Hohenpeißenberg zu Besuch kamen, hat Edith nach Emmas Rezept einen Sauerbraten gemacht, der sehr gelobt wurde.

Aus Gründen der Sparsamkeit wurde das Auto verkauft und der Stellplatz im Keller vermietet. Für die Fahrten nach Hohenpeißenberg benutzte man die Bahn und im übrigen fuhren sie mit dem Rad, auch auf dem täglichen Weg zu Arbeit. Das war nicht nur billig, sondern auch gesund, Hannes erlangte ohne Magenschmerzen bald wieder seine alte sportliche Kondition. Gern machte man auch an freien Tagen große Radlausflüge, und im Winter fand besonders Petra Spaß am Skifahren mit ihrem Papa. Von kleineren Unfällen abgesehen – einmal ist dem Hannes ein Schäferhund ins Rad gerannt, was zu einem Sturz auf feinem Kiesbelag mit entsprechender Panierung seiner Haut führte – und abgesehen von aufregenden Erlebnissen mit Stark- oder Dauerregen gibt es viele schöne Erinnerungen an diese Zeit ihres neuen Lebens in München.

Auch diesen neuen Lebensabschnitt mit den einhergehenden Veränderungen hat der Hannes gut verkraftet. Wie eine Schlange, die ihre zu eng gewordene Haut abstreift, hatte Hannes sich mit einer großen Anstrengung nach und nach aus der alten Hülle seiner Existenz herausgeschält und -gewunden. Er war aufgebrochen von dem Ort seiner Kindheit, fortgezogen aus dem Haus, in das er einst von fremden Leuten gebracht und das zu erhalten ihm als seine eigentliche Lebensaufgabe aufgegeben worden war. Das Handwerk, das er gegen seine Neigung hatte erlernen müssen, hat er abgelegt, ebenso die Verantwortung für einen Betrieb, den er unfreiwillig übernommen hatte. Eine frische Haut ist ihm langsam gewachsen in der großen Stadt, in einem neuen Beruf, in einer eigenen Wohnung und körperlich fühlte er sich gesünder als je zuvor. Er war jetzt Anfang vierzig und die Aussichten standen gut, dass von nun an alles so weiter gehen würde ohne größere Veränderungen. Das Verhältnis zu seiner Frau Edith, die ihm in allen Schwierigkeiten treu zur Seite gestanden hatte, war gut und harmonisch. Die Töchter Petra und Vera waren immer noch gern und oft bei den Großeltern, solange sie zur Schule gingen. Nach dem qualifizierenden Hauptschulabschluss begann Petra mit einer Lehre als Flexographin bei einer Stempelfirma in München. Sie war dort die erste weibliche Auszubildende und lernte anfangs noch den Bleisatz, doch auch hier wurde allmählich auf Computer umgestellt.

Schicksalsschläge

Drei Jahre lang ging alles gut, da erhielt Hannes bei der Arbeit einen Anruf von seinem Hausarzt, dass Ediths Mutter in seiner Praxis einen Sekundentod erlitten habe. Von einem Moment zum andern brach damit das sorgsam ausbalancierte Gefüge der Familienstruktur zusammen. Es traf sie eiskalt und unvorbereitet – aber wie soll man sich auf Schicksalsschläge vorbereiten?

Zuerst galt ihre Sorge begreiflicherweise dem halbseitig gelähmten Opa, der völlig verstört war und vorübergehend ins Krankenhaus eingeliefert werden musste. Für die Beerdigung hatte man ihn mit entsprechenden Medikamenten zur Stabilisierung und danach zur Beruhigung ausgestattet, die Edith und Hannes in der Aufregung verwechselt haben. So hat er den traurigen Akt hauptsächlich schlafend in einem Rollstuhl überstanden. Dann bestand er aber darauf, alleine weiter in seiner Wohnung in der Balanstraße zu bleiben.

Er schaffte es auch wirklich, seinen Haushalt selber zu besorgen, kochte, putzte, wusch und bügelte und wusste sich in allem irgendwie zu helfen. Um ein Butterbrot zu streichen, klemmte er das Brot in einen Schraubstock. Mit seinem Behindertenausweis fuhr er gern mit öffentlichen Verkehrsmitteln in der Stadt herum, die Wochenenden verbrachte er bei Dollingers in der schönen Wohnung.

So weit so gut. Leider stellte sich aber bald heraus, dass bei Vera, die nach der Schule bisher immer noch meist zur Oma gegangen war, etwas aus den Fugen geraten ist. Sie fing an zu streunen, musste öfters gesucht werden, schwänzte die Schule, und ihre Leistungen ließen stark nach. Nur mit elterlicher Strenge hat sie den Schulabschluss geschafft. Dies war aber erst der Anfang einer unglücklichen Entwicklung, mit der ihnen Vera noch viele Sorgen machen sollte.

Petra, die ältere, war mit ihren inzwischen 18 Jahren schon viel selbständiger. Sie machte den Führerschein und kaufte sich ein altes Auto, das freilich bald den Geist aufgab. Mit einem Zuschuss von ihrem Opa reichte es zu einem etwas besser erhaltenen Simca, mit dem sie auch die Eltern zu Ausflügen einlud. Sie hatte einen Freund, zog nach der Gesellenprüfung bei ihm ein, wohnte aber auch wieder bei den Eltern, es war noch keine feste Beziehung. Man musste sie manchmal etwas bremsen, damit ihre berufliche Arbeit nicht zu kurz kam.

In dieser Zeit erneuter Verunsicherung erkrankte Hannes an Hepatitis B. Vorausgegangen war ein Skiunfall mit schweren Blutergüssen und Prellungen; ein holländischer Skifahrer war in vollem Schuss in ihn hineingedonnert. Die Schmerzen waren so stark, dass er zur Behandlung ins Krankenhaus ging, dort wurde dann die Leberinfektion entdeckt. In strenger Quarantäne musste er drei Wochen bleiben, durfte dann unter Auflagen – nicht rauchen, kein Alkohol, kein Besuch – nach Hause. Achtzehn Wochen lang „Hausarrest", da fiel dem lebhaften Mann schier die Decke auf den Kopf. Zumal er kurz davor in der EDV-Abteilung einen neuen Arbeitsplatz angetreten hatte und ungeduldig gespannt war, was es alles zu lernen gab. Endlich durfte er auf eigene Verantwortung wieder in den Dienst.

Bald geschah ein neues Unglück. Der Schwiegervater erlitt einen weiteren Schlaganfall, Hannes fand ihn hilflos in seiner Wohnung, als er ihn besuchen wollte. Nach einem Krankenhausaufenthalt wurde klar, dass er nicht mehr alleine in der Wohnung ohne Aufzug im ersten Stock leben konnte. Er konnte keinen Schritt mehr gehen. Edith und Hannes beschlossen, ihn zu sich zu nehmen. Sie besorgten einen Rollstuhl und organisierten eine Tagespflege, damit er nicht alleine war und mittags zu essen bekam. Das war schon eine große Hilfe, trotzdem mussten sie ihren Tagesablauf weitgehend auf ihn einstellen.

Weil er jede Nacht zwei- oder dreimal die Urinflasche brauchte, wobei Hannes ihm helfen musste, hatte Edith ihr Bett geräumt. Petra zog in die leerstehende Wohnung in der Balanstraße und überließ ihr Zimmer der Mutter. Morgens rollte Hannes seinen Schwiegervater in die Dusche, das ging gut, weil da eine Haltestange war. Beim Anziehen musste man natürlich auch helfen. Nach dem gemeinsamen Frühstück wurde er von der Sozialstation abgeholt, Vera ging in die Schule, Hannes und Edith zur Arbeit. Abends nach der Tagesschau brachten sie den alten Herrn ins Bett und jedes Familienmitglied kam noch zum Gute-Nacht-Sagen, das war eine feste Zeremonie. Soweit klappte es ganz gut, Hannes hat seinem Schwiegervater, der ihnen in vielen schwierigen Jahren immer beigestanden hatte, gern geholfen. Das alles wäre ja auch nicht schlimm gewesen, wenn nur der alte Mann nicht so fürchterlich geschnarcht hätte! Morgens war dieser dann immer bestens ausgeschlafen, während Hannes bald unter einem richtigen Schlafdefizit litt. Seine Kollegen neckten ihn deshalb gern, waren aber verständnisvoll, wenn er manchmal bei der Arbeit nicht so ganz in Topform auftreten konnte.

Im August 1986 feierten sie mit dem Opa seinen 80. Geburtstag im Wienerwald mit einigen Verwandten, Weihnachten drauf war das letzte Fest, das sie zu fünft feierten. Dass sie allerdings im Jahr danach nur noch zu dritt sein würden, konnte niemand ahnen.

Ein schwarzes Jahr

Nach Weihnachten wurde in einem städtischen Pflegeheim in der Nähe ein Platz frei und der Schwiegervater war damit einverstanden, dort einzuziehen. Die Pflege war auf Dauer zu anstrengend geworden. Trotzdem war es für alle ein trauriger Abschied und den alten Mann haben bald seine Lebensgeister verlassen. Er lag in einem Zimmer mit drei anderen Schwerpflegebedürftigen, die Pfleger waren überlastet, was die Heimbewohner zu spüren bekamen. Alle vier Dollingers besuchten ihn so oft wie möglich, denn er war ja immer noch interessiert am Fortgang der Dinge, in der Familie wie in der großen Politik. Ein Unfall mit dem Rollstuhl machte dann einen Klinikaufenthalt nötig. Im Krankenhaus zum Dritten Orden bei Nymphenburg, wohin man ihn gebracht hatte, blühte er in der herzlichen Atmosphäre dieses Hauses nochmals auf. Die Schwestern hatten Spaß an seinem ungewöhnlichen Vornamen und nannten ihn alle nur noch Rasso. Trotzdem ließ sich der rapide Verfall nicht mehr aufhalten.

Im März verabschiedete sich Hannes von seinem Schwiegervater, da er für ein paar Tage dienstlich verreisen musste. Er bedankte sich für alles, es war ein Abschied für immer, sie wussten es beide. Edith und Petra schauten am nächsten Tag wieder nach ihm, wenig später muss er verstorben sein. Das wurde ihnen später telefonisch mitgeteilt, doch vorher bei der Heimfahrt vom Krankenhaus hatten sie einen Unfall. Jemand ist ihnen hinten auf ihren Wagen drauf gefahren. Petra hatte ein Schleudertrauma und musste zur Untersuchung ins Krankenhaus. Dabei stellte sich heraus, dass sie schwanger war.

Edith erreichte ihren Mann am späten Abend telefonisch und überbrachte ihm die Hiobsbotschaften. Noch in der Nacht stieg er in einen Zug und fuhr nach Hause, frühmorgens kam er in München an. Für den Großvater waren sie fast froh, dass er es überstanden hatte, es war eine Erlösung für ihn. Nun musste alles organisiert werden, die Beerdigung, die Abwicklung des Unfalls mit Rechtsanwalt, und Hannes brauchte einen Mietwagen. Petra stand unter Schock – hatte sie gar nicht gewusst, dass sie schwanger war? Aber sonst ging es ihr bald wieder gut, den Umständen entsprechend, das Baby war im August zu erwarten. Niemand machte ihr Vorwürfe, sie ging weiter zur Arbeit und blieb in Opas Wohnung in der Balanstraße, wo sie sich inzwischen eingerichtet hatte. Vom Vater ihres Kindes sprach niemand, aber Hannes und Edith freuten sich darauf, Großeltern zu werden, alles schien soweit im Lot zu sein.

Stattdessen gab es mit Vera lauter Probleme. Zuerst wollte sie

Friseuse werden, fand auch eine Ausbildungsstelle in einem gutgehenden Salon am Bahnhof, brach aber bald wieder ab. Dann begann sie eine Lehre als Einzelhandelskauffrau in einem renommierten Schuhgeschäft, was sie jedoch auch nicht lange durchhielt. Edith erwischte sie zuhause, als sie eigentlich in der Berufsschule sein sollte, hatte daraufhin eine heftige Auseinandersetzung mit ihr. Es gab immer häufiger Streit, besonders wenn die Eltern irgendetwas unternehmen wollten oder etwas Besonderes vorhatten. Dann konnte Vera richtig bösartig werden, sie mit lauter Spitzfindigkeiten regelrecht erpressen. Bald waren sie mit ihrem Latein am Ende, so dass Edith einen Psychologen aufsuchte, der einige Sitzungen zu viert mit ihnen durchführte. Ob es was gebracht hat? Wahrscheinlich nicht, das Problem saß zu tief, als dass man mit ein paar Gesprächen etwas hätte bewirken können. Das schwarze Loch saugte weiterhin ...

Als der Entbindungstermin für Petra gekommen war, nahmen Edith und Hannes Urlaub, um jederzeit präsent zu sein. An einem Mittwoch Mitte August kamen sie zum Kaffeetrinken in die Balanstraße zu ihrer Tochter, alle freuten sich auf das Baby, nichts deutete auf eine bevorstehende Katastrophe hin. Als Hannes am darauf folgenden Freitag, wie verabredet, wieder bei Petra vorbeischaute, fand er sie, tot. Sie hatte sich und ihrem ungeborenen Kind das Leben genommen. Keine Andeutung vorher, dass sie verzweifelt war, nichts, was als eine Warnung hätte verstanden werden können. Für Hannes und Edith war das der schrecklichste Tag in ihrem Leben, sie können auch heute noch nicht darüber reden, es fehlen ihnen die Worte.

Wenigstens jetzt, in der schlimmen Zeit danach, konnte der Psychologe ein wenig helfen, indem er ihnen Gelegenheit zum Reden gab. Wahrscheinlich waren aber die Besuche in Hohenpeißenberg bei Emma und Resi oder die Ausflüge und kleinen Reisen mit Freunden genau so wirksam, um ihnen allmählich aus dem tiefsten Trauertal herauszuhelfen.

Zu allem Schmerz hin entglitt ihnen nun ihre Tochter Vera immer mehr. Sie war öfters für mehrere Tage einfach verschwunden, lebte wohl bei einem Freund, den sie dann auch irgendwann heiratete. In ihrer Hilflosigkeit schalteten Edith und Hannes das Jugendamt ein, dort machte man ihnen den Vorschlag, Vera solle von ihren Eltern einen finanziellen Zuschuss bekommen, wenn sie ihre Lehre fortsetzen würde. Leider hat dies nichts geholfen, denn Vera hat nach kurzer Zeit wieder alles hingeschmissen.

Es kam so weit, dass der Mann, mit dem sie zusammenlebte und der ebenfalls nicht arbeitete, finanzielle Ansprüche an ihre Eltern stellte, und zwar durch einen Anwalt. Das Gericht wies die Ansprüche zurück. Bald ging auch diese „Ehe" zu Bruch und Vera zog wieder bei den Eltern ein, war jedoch nicht in der Lage, ihr Verhalten irgendwie zu ändern. Immer wieder war sie tage- oder sogar wochenlang verschwunden, niemand wusste, wo sie sich aufhielt. So vergingen zwei Jahre in ständiger Unruhe.

Matthias

Irgendwann zog Vera wieder bei einem Freund ein, wurde schwanger, trennte sich. Nun bekam sie einen Platz in einem Mütterhaus in Pasing und erwartete dort ihr Kind. Aber auch die Betreuer konnten sie nicht davon abhalten, sich immer wieder tagelang irgendwo herumzutreiben.

Im Oktober 1991 brachte Vera im Krankenhaus in Pasing einen gesunden Jungen zur Welt. Hannes und Edith waren sofort zur Stelle, sie hielten ihr erstes Enkelkind auf dem Arm – und schlossen es sofort ins Herz. Der Bub erhielt den Namen Matthias. Mutter und Kind konnten zunächst noch einige Wochen in dem Mütterheim bleiben, die Wochenenden verbrachten sie bei den stolzen Großeltern. Doch schon ging bei Vera die Streunerei wieder los, Schimpfen und gutes Zureden blieben erfolglos.

Nach einigen Wochen trafen sie die Vereinbarung, dass Vera mit ihrem Sohn bei ihnen wohnen und dafür den Haushalt in Ordnung halten sollte. Leider war sie nicht zuverlässig, brachte auch oft fremde Leute mit in die Wohnung oder kam gar nicht heim. Edith hatte sowieso schon längst die Pflege ihres geliebten kleinen Enkelsohns zum größten Teil übernommen, schließlich lief es darauf hinaus, dass sie einen Erziehungsurlaub ohne Bezüge beantragte und ganz daheim blieb. Beamte dürfen ja bis zu 12 Jahre unterbrechen, und so ist es dabei geblieben, dass Matthias bei seinen Großeltern aufwächst. Inzwischen ist er schon 16 Jahre alt und seinem Großvater über den Kopf gewachsen.

Vera hat später doch noch einen netten Mann geheiratet, mit dem sie zwei weitere Söhne hat. Sie ist zuhause bei ihren Kindern, die noch zur Schule gehen, so hat sie ihren Lebensmittelpunkt gefunden. Der Kontakt zu den Eltern ist inzwischen gut aber sparsam, ebenso zu ihrem ersten Sohn.

Auf diese Weise ist Hannes und Edith nach so viel Kummer und Sorge mit ihren beiden Töchtern noch einmal ein Kind zugewachsen, das ganz zu ihnen gehört, dem sie ihre Liebe schenken und das die Mitte ihres Lebens ist. Von Anfang an haben sie sich die Aufgaben mit Matthias so aufgeteilt: Edith kümmert sich um sein leibliches Wohl und um alles, was mit Kindergarten und Schule zusammenhängt, ebenso um Behördenkram. Ihr ist auch die Vormundschaft für Matthias übertragen worden. Hannes dagegen ist zuständig für Sport und Freizeitaktivitäten. Schon früh hat er den Enkel in Hohenpeißenberg auf die Skier gestellt, wie er selber das als Junge so gern gemacht hat. Ein paar Jahre lang hat er dort auch wieder als Skilehrer ausgeholfen, so dass Matthias professionelle Anleitung erhalten hat und bald gut gefahren ist. Im Sommer nimmt er ihn mit auf Bergtouren mit wachsendem Schwierigkeitsgrad, in den Bergen sind die beiden in ihrem Element. An den Wochenenden in München machen sie gern Radlausflüge in die nähere Umgebung. Als Hannes bei der Deutschen Lebensrettungsgesellschaft München-Ost zuerst als Schwimmlehrer, dann, nachdem er das Abzeichen für den „Silbernen Rettungsschwimmer" erworben hatte, in der Ausbildung für Kinderschwimmlehrer mitarbeitete, zog Matthias nach und ging ebenfalls häufig mit ins Schwimmbad.

AUFBRUCH IN DIE VERGANGENHEIT

Ein Geheimnis

Hannes war nahezu fünfzig Jahre alt, als er eine Information erhielt, die sein mühsam aufrechterhaltenes inneres Gleichgewicht erneut zu erschüttern drohte. Die gute alte Emma, die den Hannes liebte wie ein eigenes Kind, hatte sich nach vielen Jahren des Stillschweigens zu dem Entschluss durchgerungen, dass sie ihr Geheimnis nicht mit ins Grab nehmen wollte. Ja, sie hatte ein Geheimnis, ein Geheimnis, das sie schon so lange mit sich herum getragen und treulich gehütet hatte, seit der kleine Hannes damals in den Schächen gekommen und von dem Ehepaar Dollinger an Kindes statt angenommen worden war. Sie wusste nämlich, dass dieser kleine Bub keineswegs im Bahnhof als „Kind unbekannter Herkunft" aufgefunden worden war, wie seine Adoptiveltern ihm erzählt hatten, sondern dass seine Herkunft verschleiert werden sollte. Und außerdem wusste sie, welcher Name auf dem Pappeschild gestanden hatte, das ihm mit einer Paketschnur um den Hals gehängt worden war.

Ihre ehemalige Dienstherrschaft hatte ihr strengste Verschwiegenheit abverlangt, und die treue Seele hielt sich an ihr Versprechen, auch lange nach deren Tod. Übrigens hatte auch Resi

Bescheid gewusst, und sie hat bis zuletzt versucht, Emma von ihrem Vorhaben, das Geheimnis zu lüften, abzuhalten. Es könne Hannes schaden, wenn man ihm jetzt noch, wo es ihm gut gehe und er seinen Weg gefunden habe, die Wahrheit sagen würde. Doch Emma konnte und wollte ihr Wissen nun nicht länger für sich behalten.

Im Januar 1992, als die Dollingers mit dem kleinen Matthias wieder einmal zu Besuch in Hohenpeißenberg waren, nahm sie Edith beiseite und vertraute ihr das Geheimnis an. Diese wusste genau, dass ihr Mann in die größte Aufregung geraten würde, sagte deshalb erst einmal nichts zu ihm und grübelte während der Heimfahrt darüber nach, wie sie damit umgehen sollte. Zuhause brachte sie in aller Ruhe den Kleinen ins Bett, dann richtete sie das Abendessen und setzte sich mit Hannes an den Tisch. Er würde eine kleine Grundlage brauchen, bevor sie von Emmas Geheimnis berichtete.

„Du", wandte sie sich etwas später an ihren Mann und sagte eher beiläufig: „Die Emma hat mir übrigens was erzählt, von früher."

Hannes war sofort alarmiert. „Von früher, so. Das wird was sein!"

Das altbekannte dumpfe Gefühl in der Magengrube meldet sich, und plötzlich sieht er sich im Schächen in dem kalten Wohnzimmer auf dem Sessel sitzen und hört die Stimme des Vaters: wir haben dir etwas mitzuteilen ...

„Jetzt sag schon, was von früher, was denn, von früher?"

Edith lässt sich nicht aus der Ruhe bringen:

„Sie wollte es endlich loswerden, die Eltern hatten ihr nicht erlaubt, mit dir darüber zu reden. Du hast einen anderen Namen gehabt, auf dem Pappeschild stand: Otto Ackermann."

Hannes springt auf, stößt seinen Stuhl um:

„Otto Ackermann, Otto Ackermann – ja, heiße ich denn Otto Ackermann? Wer ist dann der Hannes Dollinger?"

„Du bist der Hannes Dollinger, der bist du schon längst, seit du denken kannst heißt du Hannes, also Johann Baptist Alexander Dollinger, aber damals, als du ganz klein gewesen bist, da hast du Otto Ackermann geheißen, sagt die Emma."

„So, Otto Ackermann, Otto Ackermann ...", Hannes rennt jetzt voller Aufregung im Zimmer hin und her, „Otto Ackermann! Und was sonst noch, was hat sie sonst noch gesagt?"

„Mehr dazu konnte Emma auch nicht sagen. Sie hat mich nur gefragt, ob es dich vielleicht interessieren würde."

Hannes setzt sich wieder hin, nestelt eine Zigarette aus dem Päckchen, zündet sie mit etwas zittrigen Händen an und nimmt einen tiefen Zug. Damals hat er noch geraucht. Edith hat es kommen sehen, dass diese Information eine Lawine auslösen würde. Sie ist darauf vorbereitet und versucht alles niedrig zu halten.

„Das weitere weißt du doch schon, dass die Helga dich mit nach Hause genommen hat, zu ihrer Mutter, und dass du in der Familie Balles einige Monate gelebt hast, bis du dann nach Hohenpeißenberg gekommen bist."

Ja, das hatten ihm die Eltern damals erzählt, in dem kalten Wohnzimmer, als sie ihm eröffneten, dass er ein Adoptivkind ist. Aber es war nur die halbe Wahrheit, oder vielmehr, es war nur die Hälfte von dem, was sie über ihn wussten. Dass er aus Polen oder Norwegen nach Bayern gebracht worden war, wurde als Vermutung geäußert, mit dem Hinweis, dass man wohl nie die tatsächliche Herkunft erfahren würde.

„Verstehst du das?", fragt Hannes seine Frau und setzt sich wieder an den Tisch. Er hat sich soweit gefangen, dass er jetzt logisch zu denken versucht.

„Da muss es etwas gegeben haben, was man nicht wissen durfte. Entweder war es peinlich, irgendwie unanständig, stammte ich aus unfeinen Verhältnissen – oder ...", jetzt stockt ihm fast der Atem: „oder, oder war ich vielleicht gar kein Waisenkind, lebten meine richtigen Eltern noch? Warum war ich dann nicht bei ihnen? Bin ich im Krieg verloren gegangen?

Haben sie mich weggegeben – oder hat man mich ihnen weg-
genommen?"

Die Suche nach Otto Ackermann

Plötzlich kommt alles wieder in ihm hoch, das unbegreifliche
Gefühl des Verlassenseins, das ihn während seiner ganzen
Kindheit so oft bedrückt hatte, die ewige Sehnsucht nach Nähe
und Zuwendung, die seine Eltern ihm nicht geben konnten.
Die Strenge des Vaters, der partout einen Metzger aus ihm machen wollte, die harten Lehrjahre, der ungeliebte Beruf, die viel
zu früh ihm übertragene Verantwortung für einen Betrieb, der
nicht zu halten war, dem er seine Gesundheit und letztendlich
auch seine Kinder geopfert hatte ... Die kaum verheilte Wun-
de in seiner Seele drohte aufzubrechen, da war es wieder, das
große schwarze Loch, in dem alle seine Grübeleien über sich
selbst und sein eigentliches Ich verschwunden waren. Wird es
ihn jetzt also doch noch verschlingen?
Zum Glück saß da an dem Tisch neben ihm seine kluge Frau, die
ihn liebte, so wie er war, und die sich bereits einen Plan zurecht-
gelegt hatte. In ihrer unaufgeregten Art sagte sie ganz einfach:
„Wenn du willst, würde ich gerne versuchen, etwas über Otto
Ackermann herauszufinden."
Hannes sah sie ungläubig an. Wie sollte denn jetzt, nach so vielen Jahren des Schweigens und Vertuschens, noch etwas über
seine Herkunft herauszufinden sein? Es gab ja niemand mehr,
den man fragen konnte.
Aber Edith hatte sich schon früher darüber Gedanken gemacht.
Sie konnte sich erinnern, dass noch in den 50er Jahren in Berchtesgaden beim Theater immer wieder Plakate vom Suchdienst
des Roten Kreuzes aushingen, mit Fotos von Kindern, die ihre
Eltern suchten. Schon damals habe sie sich immer ausgedacht,
wie sie einem Kind helfen wollte, seine Eltern wieder zu finden.
Also würde sie jetzt einfach mal beim Roten Kreuz anfragen.

Und so geschah es.

Edith schrieb einen Brief an den Suchdienst beim Roten Kreuz in München, Infanteriestraße 7a, in dem sie um Informationen über Angehörige von Otto Ackermann bat. Tatsächlich rief schon nach ganz kurzer Zeit eine Frau Wohlleben an, sie sei die zuständige Sachbearbeiterin beim Suchdienst und habe Unterlagen über Otto Ackermann gefunden, ob er diese einsehen wolle. Natürlich wollte er das, die Aufregung hatte sich gelegt, seine Neugier war geweckt, sofort vereinbarte er einen Termin. Frau Wohlleben, eine Anteil nehmende und in der Sache engagierte Dame, erwartete ihn schon mit Übersetzungen aus dem Englischen von der Organisation Kindersuchdienst der U.S. Army, Abteilung Kinderbetreuung in der amerikanischen Zone, und von der Internationalen Flüchtlingsorganisation (IRO).

Was er vorfand, übertraf alle seine Erwartungen! Staunend las er in den vorgelegten Dokumenten:

Übersetzung aus dem Englischen

LEBENSBORN-Kind

DOLLINGER Johann Baptist, oder ACKERMANN Otto

geb. am 12. September 1942 im Lebensbornheim Gothab, Norwegen?

ERSTE UMSIEDLUNG:	unbekannt
TRENNUNG VON ELTERN:	unbekannt
UMZÜGE UND VERÄNDERUNGEN:	
Anfang 1945	Aus dem Kreis Poznan/Polen nach STEINHÖRING
Sommer 1945	Von Steinhöring nach Neubiberg, dann nach München zu Helga BALLES
3. November 1945	nach Hohen-Peissenberg zu Familie Dollinger
INFORMATION ZUR FAMILIE:	am 7.8.1946 beim Amtsgericht Schongau von Herrn und Frau Dollinger adoptiert. (Adoptionsbuch Nr. 662), Notar Dr. Hans Schulze.

Nach Mitteilung von Fräulein Balles trug das Kind – als sie es übernahm – einen Zettel mit dem Namen ACKERMANN Otto um den Hals.

SPRACHEN:	Deutsch
DOKUMENTE:	keine (vgl. Anlage der im Amtsgericht Schongau befindlichen Briefe)
SCHULDOKUMENTE:	Zu jung
ABSICHTEN:	Adoptiveltern haben sich bereit erklärt das Kind zurückzugeben, falls bewiesen wird, daß das Kind gestohlen wurde, oder falls die Eltern ermittelt werden können.

BEMERKUNGEN

Fräulein Helga Balles, jetzt wohnhaft in München-Bogenhausen, Am Priel 14, war während unseres Besuches gerade in ihren Schulferien bei Familie Dollinger am Hohen-Peissenberg zu Besuch. Sie berichtete, daß sie im Sommer 1945 einen Ausflug nach Neubiberg unternahm und die Nacht in einem Kinderheim verbrachte, das von weltlichen Schwestern geleitet wurde. Am Vortag war ein Transport von etwa 15 Kindern im Alter zwischen 2 und 3 Jahren aus Steinhöring in Neubiberg angekommen. (WÄHREND DES KRIEGES WAR BEKANNTLICH STEINHÖRING DAS HAUPTQUARTIER DER LEBENSBORN-ORGANISATION.)
Die Leiterin des Heimes vertraute Fräulein Balles das Kind an, damit sie es mit nach München nehme und dort bei Personen abgebe, deren Name und Anschrift sie angab. Als Fräulein Helga Balles nach München kam, konnte sie die betreffenden Personen nirgendwo finden.
Das Haus war vollständig zerstört und die gesuchten Personen waren auch den Nachbarn nicht bekannt. Daraufhin wurde das Kind drei Monate lang von Fräulein Balles Eltern versorgt. Sie meldeten diesen Fall beim Jugendamt München und baten um Nachforschung nach der Herkunft des Kindes. Die Landesfürsorgerin Fräulein FRIES (?) fand heraus, daß diese 15 Kinder mit einem Transport aus Wartheland/Polen nach Steinhöring gekommen waren.
Sie wurden von dort in von der SS geleitete Kinderheime verbracht.
Eines Tages kam eine Schwester vom Jugendamt München zur Familie Balles und teilte mit, daß das Kind der Familie Dollinger in Hohen-Peißenberg, Landkreis Schongau, zugeteilt worden sei.
Herr und Frau Dollinger sagen aus, daß sie das Kind am 3. November 1945 bekamen. Da sie über das Kind nichts wussten, baten sie einen Arzt, das Alter des Kindes zu schätzen. Der Junge wurde am 3.12.1945 getauft und war damals nach Schätzung des Arztes etwa 2 Jahre alt.

Laut Mitteilung des Amtsgerichts Schongau war das Kind deutscher Staatsangehöriger, geboren in Norwegen. Die Pflegeeltern wußten nichts über die norwegische Herkunft des Kindes, so wandte ich mich an das Amtsgericht Schongau
und fand dort zwei Schreiben zu diesem Fall. Kopien und Übersetzungen liegen
bei.
Die Schreiben stammen von dem amtlich eingesetzten sog. „Berufsvormund"
Dr. Fendt in München.
Angaben über Geburtsort und -datum des Kindes sind diesen Schreiben ent-
nommen.
<u>Notiz</u>:
Wie Fräulein Balles von der Leiterin des Kinderheims in Neubiberg erfahren hatte,
wurden die Namenszettel, die die Kinder um den Hals trugen, während der Reise
manchmal vertauscht, so daß Kinder andere Namen bekamen. Es ist daher möglich, daß das Kind Dollinger nicht der „frühere" Ackermann Otto ist. Würde es sich
tatsächlich um Ackermann Otto handeln, müßten wir ihm gemäß den Unterlagen beim Amtsgericht Schongau die norwegische Staatsbürgerschaft zuweisen.
Wenn wir aber auf der anderen Seite berücksichtigen, daß der „Zettel um den
Hals" verwechselt worden sein könnte und er nicht wie ein Fünfjähriger aussieht,
sondern ein Arzt sein Alter im Dezember 1945 auf etwa zwei Jahre schätzte – und
mit einem Lebensborn-Transport aus polnischem Gebiet kam –, könnte es sich
auch um einen polnischen Staatsangehörigen handeln. Der Junge wird daher
von mir eingestuft in die Kategorie Herkunft zweifelhaft: norwegisch oder pol-
nisch.

Hannes stockte der Atem. Das alles war über ihn bekannt? Haben seine Adoptiveltern darüber Bescheid gewusst? Aber warum hatten sie ihm nie etwas davon gesagt? Viele weitere Fragen drängten sich auf. Wer waren seine Eltern? Warum wurde
er von ihnen getrennt? Warum kam er aus Polen nach Steinhöring, wenn er doch in Norwegen geboren ist? Und überhaupt,
was war das eigentlich, ein Lebensborn-Kinderheim? Gab es
dabei ein Geheimnis, das vertuscht werden musste? Hatten sich
seine Adoptiveltern geschämt, ein „Lebensbornkind" zu sich zu
nehmen? War es eine Schande, in einem Lebensbornheim geboren worden zu sein? Oder wollten sie ihn mit ihrem Schweigen
vor Herabsetzungen schützen?
Plötzlich wurde Hannes ganz ruhig. Da, wo er jetzt stand, hatte
er festen Boden unter den Füßen, nichts und niemand würde
ihn mehr völlig umwerfen. Aber er wollte es wissen, wollte
alles herauskriegen, was es mit Lebensborn auf sich hatte, und

auch womöglich, wer seine Eltern waren. Die Fakten mussten auf den Tisch!

Das nächste Schreiben ging an das Amtsgericht Schongau, wo seine Adoptiveltern den Vertrag zur Annahme an Kindes statt unterzeichnet hatten, der in der Gemeinde Hohenpeißenberg nicht eingetragen worden ist. Der Bitte um Zusendung einer Kopie des Adoptionsvertrages wurde erst nach mehrmaliger Nachfrage entsprochen, und das Ergebnis trug zur weiteren Verwirrung bei. Beurkundet wurde, dass das etwa zwei Jahre alte Kind unbekannter Herkunft ist und am 3. Dezember 1945 auf den Namen Johann Baptist Alexander Dollinger getauft worden ist. Ferner ist vermerkt, dass der amtierende Notar „nach Rechtswirksamkeit dieses Vertrages die Eintragung des adoptierten Kindes in die Standesamtlichen Register der Gemeinde Hohenpeißenberg zu erwirken beauftragt wird. Wegen der unbekannten Herkunft des Kindes ist ein solcher Eintrag bisher nicht erfolgt." Warum dieser Auftrag trotzdem nie ausgeführt wurde, wird wohl immer ein Rätsel bleiben. Tatsache ist, dass ein Johann Baptist Alexander Dollinger im Standesamtsregister Hohenpeißenberg zu einem „Findelkind unbekannter Herkunft" gemacht worden ist, ohne Angaben über Geburtstag und Geburtsort.

Dem Adoptionsvertrag lagen noch zwei Kopien von Schreiben des Berufsvormundes Dr. Andreas Fendt an das Amtsgericht Schongau bei, in denen er bereits drei Monate nach der Adoption mitteilt, dass das Kind Otto Ackermann ist, der am 12.09.42 in Norwegen im Lebensbornheim Godthaab geboren sei.

Diese Angaben Dr. Fendts zu Hannes' Person wurden seltsamerweise einfach ignoriert und zu den Akten gelegt, ohne dass irgendwelche Konsequenzen daraus gezogen worden wären. Hannes wusste, dass der Hausarzt der Familie, Dr. Max Ilgen in Hohenpeißenberg, sein Alter im Jahr 1945 auf ca. zwei Jahre geschätzt hatte, weshalb man als Geburtsjahr 1943 annahm und ins katholische Taufregister eintrug. Dass sich der Arzt um ein ganzes Jahr verschätzt hatte, deutet auf einen erheblichen Entwicklungsrückstand des Kindes hin, was niemand verwundern dürfte.

Bei genauerem Lesen dieser Dokumente fiel Hannes auf, dass die amtlichen Schreiben recht lieblos und fehlerhaft verfasst worden sind und mehr zur Verwirrung als zur Klärung der für ihn so wichtigen Vorgänge beitrugen. Zwischen den Zeilen glaubte er sogar herauszulesen, dass so etwas wie eine absichtliche Vertuschung zu beobachten war, als ob man ihn auch hier und jetzt immer noch über seine Identität im Unklaren lassen wollte.

Helga Theißing, geborene Balles, die ihn damals mitgenommen hatte und die schon lange in Salzburg lebt, hat Edith ebenfalls angeschrieben. Sie wusste nichts wesentlich Neues beizutragen, konnte jedoch bestätigen, dass die im Stadtarchiv eingetragenen Daten, nämlich sein Aufenthalt in der Familie Balles vom 29.07. bis zum 26.11.1945, korrekt sind. Der kleine Hannes habe gar nicht sprechen können, schrieb sie, sein einziges Wort sei „Mama" gewesen, und Frauen in Schwesterntracht hätten ihn magisch angezogen. Sie erinnerte sich auch daran, dass sie ihn in die Kaulbachstraße hätte bringen sollen, wo sie vor einem zerstörten Haus gestanden habe. Ihre Eltern hätten schon darüber nachgedacht, ihn selbst zu adoptieren, falls man keine geeignete Familie für ihn finden würde. Vorsichtshalber hätten sie ihn nur „Bübchen" genannt, um ihn nicht mit einem neuen Namen noch mehr zu verwirren. Und sie schloss ihren Brief mit dem Satz: „Das eine ist aber ganz sicher, dass die Eltern Dollinger ihren kleinen Hannes sehr geliebt haben und nur das Beste für ihn wollten."

Ein Lebensbornschicksal

Da hatten also die Nachforschungen einiges zutage gefördert! Edith und Hannes saßen wieder an ihrem Esszimmertisch und besprachen das weitere Vorgehen. Sie hatten einen Ordner angelegt und den ganzen Schriftverkehr ordentlich abgelegt. Zum wiederholten Male sahen sie alles durch, um sich schließlich etwas ratlos anzuschauen:

„Wie soll's denn jetzt weitergehen?", fragte Hannes, „das kann's doch nicht gewesen sein."

Sollte er jetzt den Ordner wegpacken und einfach so weiterleben wie bisher? Es fehlte doch immer noch ein Stück von seiner Vergangenheit, er wusste ja nicht, woher und warum er in dieses Lebensborn-Kinderheim gekommen war.

„Wir müssen herausfinden, was es mit dem Lebensborn auf sich hat!", meinte jetzt Edith. Aber wie, das wusste sie auch nicht. Im Lexikon fand sich nicht einmal der kleinste Eintrag zu dem Stichwort.

Freunde, denen Hannes von seinen Nachforschungen erzählt hat, gaben ihm den wohlgemeinten Rat, er solle doch bloß die Finger davon lassen und nicht in den alten Sachen herumstöbern, da komme doch meistens nichts Gutes dabei heraus. Bei dem Wort Lebensborn schienen alle zurückzuweichen.

Aber da kannten sie den Hannes schlecht!

Hatte er denn jemals etwas aufgegeben, bevor alle Möglichkeiten ausgeschöpft waren? Jetzt konnte man ihn nicht mehr davon abbringen, weiterhin nach seinen Wurzeln zu suchen. Da die amtlichen Schreiben ihn nicht weiterbrachten, wollte Edith nun herausfinden, ob es Bücher über das Thema Lebensborn gab.

In der kleinen Buchhandlung an der Ecke erklärte man peinlich berührt, dass sie keine Bücher über Naziorganisationen hätten und überhaupt sei diese Zeit ja Gott sei Dank vorüber. Edith fühlte sich missverstanden, ließ sich aber nicht entmutigen, sondern machte sich auf den Weg in die größte Buchhandlung in München. Auch dort sah man sie erstaunt an. Lebensborn? Was soll denn das sein? Aber im Computer fanden sich einige Verweise. Ohne zu wissen, was sich hinter den Titeln verbarg, wählte Edith zwei Bücher aus.

Zuhause machten sie sich gleich ans Lesen. Das eine Buch beschreibt die Lebensgeschichte von Turid Ormseth, die offenbar auch aus einem Lebensbornheim stammte und der es gelungen war, ihre verschüttete Vergangenheit auszugraben. Die von der Journalistin Veslemoy Kjendsli geschriebene und kurz zuvor ins Deutsche übersetzte Biographie hatte den Titel: „Kinder der Schande", was nicht eben ermutigend war.

Die Lektüre war sehr aufregend, sie brachte erste Informationen über das Thema Lebensborn während des Dritten Reichs und auch darüber, was nach dem Krieg mit den Kindern geschehen ist, die aus einem dieser Heime stammten. Es war erschütternd, deprimierend und zugleich ermutigend und motivierte die beiden stark, den begonnenen Suchprozess fortzusetzen.

Der Bericht beschreibt die Reise einer Frau in ihre Vergangenheit auf der Suche nach ihrer Identität. Er setzt ein mit einer dramatischen Szene im Sommer 1948 in dem bayerischen Dorf Pullach bei München. Zwei Kinder, anscheinend Bruder und Schwester, spielen im Hof hinter ihrem Haus mit kleinen Holzautos. Plötzlich kommt ein großes schwarzes Auto, hält an, zwei Männer und eine Frau steigen aus, gehen auf die Kinder zu und sagen, dass sie das Mädchen mitnehmen müssen. Angeblich soll sie nur ärztlich untersucht werden und dann zurückkommen. Die Mutter eilt herbei, will ihr Kind nicht hergeben, der Bruder weint, die Schwester schreit, doch sie muss mit – und kommt nie mehr zurück. Mit dieser Szene wendet sich ein Lebensschicksal zum zweitenmal. Vier Jahre, an die sich das Mädchen Elke später nicht mehr erinnern kann, obwohl sie schon fast sechs Jahre alt ist, vier wichtige Jahre ihres Lebens hat der Schmerz dieser Entführung aus ihrem Gedächtnis gelöscht.

Als Zweijährige war sie aus einem Lebensbornheim in Norwegen nach Deutschland gebracht und von einer Familie aufgenommen worden. Sie bekam den Namen Elke und wuchs zusammen mit einem älteren und einem jüngeren Bruder heran. Vier Jahre später haben die norwegischen Behörden die Kinder, die in Deutschland untergebracht worden waren, nach Norwegen zurückholen lassen, weil in Deutschland die Verhältnisse so schlecht wären und die Kinder Not litten. Sie sollten ihren richtigen Müttern, die angeblich auf sie warteten, zurückgegeben werden. Aber es war alles ganz schlecht organisiert, die Kinder hat man in provisorische Kinderheime gesteckt, wo die meisten vergeblich darauf warteten, von ihren Müttern abgeholt zu werden. Erst nach und nach wurden sie zur Adoption in norwegische Familien weitergereicht.

Die Mütter aber kamen nicht, denn es galt in Norwegen immer noch als Schande, ein „Deutschenkind" geboren zu haben! Viele sind von ihren Familien verstoßen worden oder hatten kein Einkommen, womit sie ein Kind hätten ernähren können. „Deutschenkinder", so nannte man die Kinder norwegischer Frauen, die sich mit deutschen Soldaten „eingelassen" hatten in der Zeit, als deutsche Truppen Norwegen besetzt hielten. Es waren die Kinder der Feinde und die jungen Mütter wurden dafür verachtet, verstoßen, mussten die Geburt geheim halten und das Kind verstecken. Deshalb also „Kinder der Schande"?

So betrachtet waren die von den Nazis geschaffenen Lebensborn-Entbindungsheime und die Kinderheime in Norwegen scheinbar soziale Einrichtungen, die jungen Müttern in einer verzweifelten Situation geholfen haben. Dass sie allerdings nicht nur dafür gedacht waren, norwegische Frauen zu unterstützen, wenn sie eine Liebesbeziehung zu deutschen Soldaten eingingen, ist dem Hannes bei der Lektüre schnell klar geworden. Die Erkenntnis, dass die Nazis das „wertvolle Erbmaterial" der blonden und blauäugigen Kinder für den Aufbau eines

„großgermanischen Weltreiches" und zur „Aufnordung des germanischen Blutes" für Deutschland sichern wollten, machte ihn schaudern. Deshalb also wurden die Kinder aus den Heimen bis zur letzten Minute, als der Krieg längst verloren war, aus ihrem Geburtsland heraus nach Deutschland geholt. Deshalb die überstürzten Kindertransporte über Polen nach Bayern!

Auf diese Weise war die kleine Elke, genauso wie Hannes, noch während des Krieges nach Steinhöring gekommen und von dort aus in eine Familie vermittelt worden. Dass es ihr hier gut ging und dass ihre leibliche Mutter gar nicht nach ihr gefragt hatte, das interessierte die norwegischen Behörden nicht. Sie waren per Gesetz angewiesen, ehemalige Lebensbornkinder nach Norwegen zurückzuholen.

So kam Elke zu neuen, norwegischen Adoptiveltern, die selbst keine Kinder haben konnten. Sie gaben ihr den Namen Turid und sorgten dafür, dass sie zusammen mit der deutschen Sprache ihren Namen Elke und alles vergaß, was vorher in ihrem Leben geschehen war. Es ging ihr nicht schlecht, sie wurde liebevoll gehalten und gut erzogen – und doch wurde sie das dumpfe Gefühl nicht los, dass etwas mit ihr nicht stimmte. Sie beschrieb dieses Gefühl als „ein ständiges Bohren, einen anhaltenden Schmerz." Warum erzählten die Eltern nie etwas von früher, von dem Ereignis ihrer Geburt, so wie andere Eltern mit ihren Kindern darüber sprachen? Als ihr endlich eines Tages feierlich mitgeteilt wurde, dass sie ein Adoptivkind sei, war das für sie nicht so sehr ein Schock wie damals für den jungen Hannes. Sie hatte es immer irgendwie geahnt. Doch als sie erwachsen war, machte sie sich auf die Suche nach ihrer Vergangenheit, fand sogar ihre alten deutschen „Eltern" wieder, denen sie so herzlos entrissen worden war. Ihre leiblichen Eltern allerdings, zu denen sie auch einen Kontakt herzustellen versuchte, lehnten jede Art der Kenntnisnahme kategorisch ab.

Ein Kind der Schande?

Man sieht es dem abgegriffenen, zerfledderten Taschenbuch richtig an, was für eine aufregende Lektüre es für Hannes und Edith gewesen sein muss. Es war in mehrfacher Hinsicht erhellend und erschütternd, enthielt es doch erste Hinweise auf die Organisation und Zielstellung der Lebensbornheime, aber auch das Beispiel einer Schicksalsgenossin, die mit ihrer Suche nach den Anfängen Erfolg hatte. Das war auf jeden Fall ermutigend. Dass sie wenig später von Turid Ormseth wertvolle Unterstützung und Dokumente für ihre eigene Suche erhalten würden, hätten sich Edith und Hannes da noch nicht vorstellen können.

Aber da war noch etwas. Zunächst war Hannes viel zu aufgewühlt, um gleich zu begreifen, dass sein eigenes Schicksal jetzt in einem anderen Licht erscheinen musste. Hätte auch er im Jahr 1948, drei Jahre nach seiner Aufnahme im Schächen, nach Norwegen zurückgebracht werden sollen? Hatte das ganze Versteckspiel der Behörden und der Eltern womöglich den Hintergrund, dass sie davon wussten und ihm eine neuerliche Verpflanzung ersparen wollten?

Oder war es das böse Gerücht, die Nazis hätten in Lebensbornheimen regelrechte „Zuchtanstalten" für arische Kinder unterhalten, das sich in Deutschland hartnäckig hielt und weswegen man das Wort gar nicht in den Mund nehmen wollte? War er für sie deshalb auch ein „Kind der Schande", dessen Herkunft geheim gehalten werden musste?

Wie aber, wenn seine leibliche Mutter tatsächlich nach ihm gesucht hätte? Andererseits: Selbst wenn die Eltern Dollinger nur aus eigennützigen Motiven, weil sie ja einen Sohn und Erben haben wollten, so gehandelt haben sollten – war es nicht letztlich zu seinem Besten, dass er in Hohenpeißenberg bleiben und hier leben durfte?

Eine Frage, die nur er selbst für sich beantworten kann. Das wurde ihm klar, als er ein Schriftstück mit der Unterschrift des bayerischen Innenministers, damals noch Günther Beckstein, vom 20. August 2007 in Händen hielt, in dem dieser schrieb: „Die von Ihnen beklagte Behandlung als Findelkind hat es ermöglicht, dass Sie in Deutschland aufwachsen und jahrzehntelang als Deutscher leben konnten." Hieß das: er solle doch gefälligst dankbar dafür sein? Dies nach einer Odyssee durch die Behörden, die ihm nachträglich die deutsche Staatsbürgerschaft nahmen, was dazu führte, dass er als Bundesbeamter erst einmal vom Dienst suspendiert wurde! Doch davon später.

Der Verein „Lebensborn"

Das zweite Buch, deutsch geschrieben, erwies sich als eine historische Untersuchung von Dr. Georg Lilienthal. Es heißt schlicht und sachlich: „Der Lebensborn e.V.", mit dem Untertitel „Ein Instrument nationalsozialistischer Rassenpolitik." Diese wissenschaftliche Arbeit lieferte den beiden Geschichtsforschern in eigener Sache die grundlegenden Informationen über den ganzen Komplex der Lebensborn-Organisation und die ihr zugrunde liegende Philosophie.

Erfinder und Begründer des Lebensborn e.V. war der „Reichsführer SS" Heinrich Himmler, der eine steile Karriere nur dem Naziregime zu verdanken hatte. Ursprünglich von Hitler beauftragt, eine Polizeitruppe zum persönlichen Schutz des „Führers" zu organisieren, gewann er als oberster Dienstherr dieser „Schutz-Staffel" (SS) rasch an Macht und Einfluss. Das nutzte er geschickt, um Hitler den weltanschaulichen Unterbau für dessen militärische Expansionspläne nachzureichen.

Himmler hatte verschiedene Elemente der am Anfang des 20. Jahrhunderts verbreiteten Welt- und Geschichtsdeutungen übernommen. Das biologistische Weltbild des zu Unrecht auf Darwin sich berufenden „Sozialdarwinismus" verkündete das

Recht des Stärkeren. Aus der von Darwin entschlüsselten Gesetzmäßigkeit der biologischen Evolution wurden quasi naturgesetzliche Entwicklungsgesetze der Geschichte abgeleitet (Ernst Haeckel). Demzufolge werde eine sittlich-moralische Weltordnung sinnlos, sogar schädlich, alle Methoden des Kampfes seien legitim, denn „nur das Stärkste ist das Beste"!

Der durch natürliche Auslese angeblich hochentwickelte Europäer wurde zum Maß aller Dinge, und da man alles „wissenschaftlich" untermauern wollte, wurden Schädelformen vermessen, um Charaktereigenschaften und Wert von rassisch hoch- oder niedrigstehenden Menschen zu ermitteln. Solche Rassenforschung und die Idee der Rassentrennung durch Selektion waren in ganz Europa in Mode gekommen und führten in der Epoche des Kolonialismus zu der Vorstellung, der Europäer habe das natürliche Recht zur Vorherrschaft und zur Unterordnung anderer Völker.

Das Schlagwort vom bevorstehenden „Untergang des Abendlandes" durch das so erfolgreiche wie missverstandene und eigentlich unwissenschaftliche Buch Oswald Spenglers ermutigte besonders die Deutschen, die bei der Verteilung der Kolonien zu kurz gekommen zu sein glaubten, zu phantastischen Vorstellungen. Man begann von der Weltherrschaft einer „germanischen Herrenrasse" zu träumen. Zu diesem Zweck müsse die infolge Degeneration verloren gegangene natürliche Auslese durch vom Menschen gesteuerte selektive Bedingungen wieder hergestellt werden. Das heißt, die Fortpflanzung der „Lebensuntauglichen" müsse verhindert, die der „Tauglichen" gefördert werden. Solche Ideen scheint der ehrgeizige Himmler begierig aufgegriffen zu haben. Er ist davon überzeugt, dass die „Arier", also die Angehörigen der nordisch-germanischen Rasse, da besonders leistungsfähig und kulturschaffend, die Rasse der „Hochwertigen" darstellen, während vor allem Juden, aber auch Sinti und Roma, zu „minderwertigen Rassen" degradiert werden.

Soll die germanische Rasse zur Weltherrschaft gelangen, so folgert er, ist das wechselseitige Prinzip der Auslese wie der Ausmerzung anzuwenden. Von Anfang an hatte Himmler, der in erster Linie als der Erfinder und Vollstrecker der menschenverachtenden Massentötungen in den Vernichtungslagern bekannt ist, auch den Gedanken der positiven Auslese verfolgt und mit dem Instrument der Lebensborn-Einrichtungen mit bürokratischem Aufwand durchzusetzen versucht.

Positive Auslese hieß für Hitler und Himmler praktisch: zum Geburtenanstieg der „Wertvollen" beitragen. Man erfand Programme der Ermutigung zur Mutterschaft, zum Beispiel die Auszeichnung mit dem „Mutterkreuz" vom vierten Kind an. Besonders wurden alle SS-Führer angehalten, viele Kinder zu haben. Dies sei nicht Privatangelegenheit, sondern Pflicht gegenüber den Ahnen und dem Volk! Von Anfang an war man auch bestrebt, den Frauen die Angst vor unehelichen Schwangerschaften zu nehmen und die Lebensbedingungen lediger Mütter und unehelicher Kinder durch eine Reihe von Gesetzesänderungen zu verbessern. Es fällt auf, dass auch dieser Ansatz auf den ersten Blick menschenfreundlich zu sein scheint, eine soziale Tat! Bei Hitler aber warb Himmler für die Bekämpfung der Abtreibung mit dem Argument, dass „ein Plus an Geburten zusätzliche Rekruten bedeute"!

Frühzeitig ging man dazu über, die ledige Mutter und ihr Kind in eine überwiegend von der Partei abhängige Organisation einzubeziehen. Mit Wissen und Billigung Hitlers wurde der „Lebensborn e.V." am 12. Dezember 1933 auf Veranlassung des Reichsführers SS Himmler in Berlin gegründet. In der Satzung wurde Ziel und Zweck der Organisation festgelegt:

1. Rassisch und erbbiologisch wertvolle, kinderreiche Familien zu unterstützen.

2. Rassisch und erbbiologisch wertvolle werdende Mütter unterzubringen und zu betreuen, bei denen nach sorgfältiger Prüfung der Familie sowie der Familie des Erzeugers durch

das Rasse- und Siedlungshauptamt SS anzunehmen ist, dass gleich wertvolle Kinder zur Welt kommen.

3. Für diese Kinder zu sorgen.

4. Für die Mütter der Kinder zu sorgen.

Entsprechend der Satzung wurden Frauen in Not kalt abgewiesen, wenn sie nicht den rassisch-erbbiologischen Voraussetzungen entsprachen. Dafür haben finanziell gut gestellte Ehefrauen oder Geliebte von SS-Führern gern die gute Betreuung in einem Lebensborn-Entbindungsheim genutzt, wo ihnen diskrete Geheimhaltung und bei Bedarf auch die Unterbringung ihres Kindes in einem Heim zugesichert war.

Lilienthal: „Die Maßnahmen zur biologischen Vervollkommnung des deutschen Volkes haben nicht so grauenhafte Ausmaße angenommen wie die Ausmerzung der 'Schädlinge', aber im Einzelnen auch großes Leid verursacht."

Sein erstes Heim eröffnete der Lebensborn e.V. am 15. August 1936 in Steinhöring bei Ebersberg in Oberbayern, es galt bis Kriegsende als Musterheim aller Lebensborn-Einrichtungen. Bald folgten zahlreiche weitere Heime in Deutschland und in den eroberten Ländern. Die Zwangslage der unterworfenen Völker wurde ausgenützt, die dort geborenen Kinder einzudeutschen, sofern sie den Rassestandards der Nationalsozialisten entsprachen. So ist bekannt, dass allein aus deutsch-norwegischen Partnerschaften ungefähr 9 000 „Kriegskinder" oder „Deutschenkinder" durch Lebensbornheime gegangen sind.

Eine neue Perspektive

Ausführlich untersucht und dokumentiert Lilienthal die politischen Hintergründe und die Entwicklungsgeschichte dieses scheinbar wohltätigen Vereins. Für einen persönlich Betroffenen wie Hannes Dollinger muss die Lektüre zu Alpträumen geführt haben! In einer Hinsicht jedoch brachte sie ihm eine gewisse seelische Entlastung: Die Frage, ob die Lebensbornheime regelrechte „Zuchtanstalten" waren, in denen fortpflanzungs-würdige junge Menschen eigens zum Zwecke der Zeugung von Nachwuchs zusammengeführt worden sein sollen, wird von dem Autor verneint. Zwar seien diesbezügliche Ideen und An-fragen nachweisbar, doch habe sich die Organisation strikt an die eigene Satzung gehalten, um die für ihre Pläne so nützliche Einrichtung nicht zu gefährden.

Hannes musste jetzt versuchen, die aus dem Buch gewonnenen deprimierenden Informationen und Erkenntnisse etwas von sich weg zu drängen und sich wieder auf die eigene Geschichte zu konzentrieren. Er wollte nun unbedingt herausfinden, wer seine leiblichen Eltern waren und welchen Umständen er sei-ne Existenz verdankte. In seinem Schlusswort hatte der Autor beratende Hilfe für Betroffene angeboten, dieser Hinweis sollte ihm weiterhelfen. Der Kontakt zu Dr. Lilienthal war schnell her-gestellt, und von ihm erhielt er nun effektive professionelle Hil-fe. Mit der Zeit entwickelte sich daraus eine freundschaftliche Beziehung, die für Hannes sehr wichtig wurde.
Dr. Lilienthal kannte die Stellen in Norwegen, wo Auskünfte über Lebensborn-Kinder zu bekommen waren. Ein Schreiben ging also an den internationalen Suchdienst in Arolsen, ein weiteres an das Riksarkiv in Oslo. Im August 1993 endlich er-hielten sie vom norwegischen Reichsarchiv eine aussagekräfti-ge Antwort und später weitere wertvolle Unterlagen von dem Bezirk Telemark in Skien (Fylkekommune), in norwegischer, englischer, teilweise sogar in deutscher Sprache. Überhaupt habe er ganz allgemein sehr hilfreiche Unterstützung von den norwegischen Ämtern und Institutionen erfahren, betont Hannes, ganz im Gegensatz zu den deutschen Stellen, die eher Verwirrung als Klarheit stifteten.

Was also hat der Mann, der als ein deutscher Staatsangehöriger namens Johann Baptist Alexander Dollinger am 3. Dezember

1993 in München seinen 50. Geburtstag zu feiern gedachte, im August 1993 aus den Unterlagen in Oslo über sich erfahren?

- Er ist geboren am 13. September 1942, Gewicht 2690 gr. Größe 47 cm,
- evangelisch getauft auf den Namen Otto Wighus,
- Geburtsort: Rikshospital in Oslo,
- Nationalität: norwegisch,
- Name der Mutter: Solveig Wighus, geb. 29.02.1920, wohnhaft in Gjerpen/Skien, dann im Mütterheim Solfeng/Nordstrand bei Oslo,
- Name des Vaters: Obergefreiter Otto Ackermann, geb. 08.06.1918 in Reibach/Dieburg, Heimatadresse: Ludwigstraße, Darmstadt, Deutschland, seine Feldpost-Nr. 31 570 A im Sommer 1942,
- Anerkennung der Vaterschaft am 14. Februar 1944 mit Feldpost-Nr. 38 076 H,
- Aufenthalt im Lebensbornheim Godthaab in Bærum bei Oslo bis zum 10.10.1944, damit verbunden Änderung des Namens Otto Wighus in Otto Ackermann.
- Lebensborn-Nr. 1954.
- Danach Verschickung ins Lebensbornheim Kurmark/Klosterheide (nördlich von Berlin).
- Anschließend Aufenthalt im Heim Sonnenwiese in Kohren-Salis bei Leipzig. Fotos von Turid Ormseth belegen, dass sie zur selben Zeit dort untergebracht waren.
- Was dazu führte, warum und wann er nach Polen kam, ist nicht nachvollziehbar.
- Anfang 1945 Transport aus Warthegau/Polen ins Lebensbornheim Hochland in Steinhöring bei Ebersberg in Oberbayern,
- von da Weitertransport ins Anna-Katharinenheim in Neubiberg.

Das Haus Nr. 65 in der Kaulbachstraße in München, wohin er von Helga Balles gebracht werden sollte – früher ein Israelitisches Pensionat, heute Saul-Eisenberg-Seniorenheim – war nach der Beschlagnahme durch die Nazis eine Deckadresse des Lebensborn e.V. Hier hatte der Zugriff der Naziorganisation auf den kleinen Otto Ackermann geendet.

Mitgesandt wurden Kopien von Fotos eines hübschen blonden Jungen im Kinderheim, angesichts deren es ihm „eiskalt den Rücken runtergelaufen" sei, wie Hannes gesteht. Ja, er habe mit den Tränen gekämpft, als er diese Informationen über seinen Lebensanfang in Händen hielt. Welche Last muss ein Mensch mit sich herumtragen, der seinen Ursprung nicht kennt, dessen Herkunft im Dunkeln liegt, und was bedeutet es für ihn, darüber etwas zu erfahren!

Materielle Gründe waren es jedenfalls nicht, die Hannes zu der Suche nach seinen Wurzeln veranlasst hatten. Diesbezüglich konnte er Dr. Lilienthal beruhigen, der wissen wollte, ob er wegen des früheren Geburtstermins auf ein vorgezogenes Rentenalter spekuliert hatte. Damit würde er seiner Erfahrung nach nur Schwierigkeiten bekommen. Nein, das war nicht wichtig und konnte seine Freude nicht trüben, und natürlich mussten Emma und Resi die großen Neuigkeiten auch erfahren!

Jeden Abend, wenn das Enkelkind Matthias in seinem Bettchen schlief, haben Edith und Hannes die Unterlagen auf dem Tisch ausgebreitet und studiert und miteinander besprochen, wie es weitergehen sollte.

Mutter und Vater

Von einer Zweifelsfrage war Hannes durch die Informationen aus Norwegen jedenfalls erlöst: Sein Namensschild war bei dem Transport nach Bayern nicht vertauscht worden. Er war Otto Ackermann!

Umso dringender war für ihn jetzt die Frage, was aus seinen leiblichen Eltern geworden ist und ob womöglich noch jemand am Leben wäre. Der Suchdienst beim Roten Kreuz München konnte jetzt wieder weiter helfen. Frau Wohlleben erhielt auf Anfrage vom Norwegischen Roten Kreuz die Auskunft, dass Frau Solveig Johansen geb. Wighus am 3. März 1992 in Skien/ Norwegen verstorben ist.

Ein neuer Schmerz! Hätte er nur ein oder zwei Jahre früher mit seiner Suche begonnen, er hätte seine Mutter noch kennen lernen können! Wie schmerzlich auch der Gedanke an diese Frau, die in schwieriger Zeit ihr Kind hatte weggeben müssen und womöglich immer noch gehofft hatte, es eines Tages wieder zu sehen!

Und der Vater? Man musste davon ausgehen, dass dieser noch im letzten Kriegsjahr gefallen war. Eigentlich hatte Hannes gar nicht vorgehabt, eine Verbindung zu der Familie Ackermann aufzunehmen. Doch muss der Gedanke in seinem Innern weitergewirkt haben, denn plötzlich, zu seiner eigenen Überraschung, hat er während der Arbeit im Büro an den Bruder seines Vaters Erich Ackermann einen Brief geschrieben, in dem er sich kurz als Sohn von Otto Ackermann vorstellte.

Mit diesem Brief hat Hannes in der Familie Ackermann einen ziemlichen Wirbel ausgelöst, wie er später erfuhr. Niemand hatte etwas von seiner Existenz gewusst! Eine Einladung kam postwendend, außerdem teilte Erich Ackermann ihm mit, dass sein Bruder Otto im Februar 1945 als Maschinengewehrschütze in Lettland an der vordersten Linie gefallen ist. Er ist nicht einmal ganze 27 Jahre alt geworden, und seinen Sohn hat er nie gesehen.

Die Suche nach der Mutter

Weitere Informationen vom Sozialdepartement in Oslo über Anstrengungen seiner Mutter, nach dem Krieg ihr Kind wieder zu finden, stürzten Hannes in neue Zweifelsqualen. Hatte man ihn gegen ihren Willen in ein Heim gesteckt und nach Deutschland gebracht, weil er blond und blauäugig war?

Offenbar hatte die junge Mutter in der schwierigen Situation nach seiner Geburt notgedrungen ein Papier unterschrieben, mit dem sie in eine Adoption einwilligte. Wahrscheinlich wusste sie nicht, ob der Kindsvater noch lebte und sie, wie versprochen, heiraten könnte, und sie sah für sich keine Möglichkeit, ihren Sohn zu sich zu nehmen. Etwa zwei Jahre später hat sie aber beim Reichskommissariat nach ihm gefragt und zur Antwort erhalten, dass eine Familie außerhalb von Oslo ihn adoptieren wollte.

Mit einem Ergänzungsbericht des Search and Tracing Officer der Internationalen Flüchtlingsorganisation Deutschland (IRO) – Deckblatt vom 28. August 1947 – wurde eine Zusammenfassung der Informationen des Amtsgerichts Schongau, des Ehepaars Dollinger und von Helga Balles an das Norwegische Rote Kreuz, Außenstelle Hamburg, geschickt. Es handelt sich dabei um den Bericht, den Hannes von Frau Wohlleben als erstes erhalten hat. Dieser Bericht wurde dem Sozialdepartement Oslo übermittelt, wo man die Spur zu Solveig Wighus findet.

Die Nachforschungen der IRO über Hannes in den Jahren 1947/1948 waren also erfolgreich verlaufen und er war jetzt kein „Kind unbekannter Herkunft" mehr.

Seine Adoption erfolgte schon 10 Monate nach seiner Ankunft in Hohenpeißenberg. Warum solche Eile für diese reichlich unbürokratische Aktion? Es wurde nicht abgewartet, was die Nachforschungen der IRO ergeben würden, und es lag keine Verzichtserklärung der Mutter vor. Dies ist aus heutiger Sicht schwer nachvollziehbar, wird aber vielleicht verständlich vor dem Hintergrund der damals in Deutschland herrschenden chaotischen Verhältnisse. Es mussten viele Kinder versorgt werden, die ihre Familien auf der Flucht oder bei Bombenangriffen auf die Städte verloren hatten. Sicher war man behördlicherseits froh, wenigstens einigen der Kinder ein Zuhause geben zu können, und Hannes hatte in Hohenpeißenberg eine Heimat gefunden und großes Glück gehabt.

Unverständlich bleibt für Hannes aber, warum die Ergebnisse der IRO von den für die Beurkundung seiner Personenstandssache zuständigen Behörden nicht zur Kenntnis genommen wurden – obwohl umfassende Informationen zu seiner Person abrufbar vorlagen. Darüber hinaus schloss im Jahr 1946 die Adoption nicht gleichzeitig die deutsche Staatsbürgerschaft ein. Deshalb hätte das Ehepaar Dollinger darauf hingewiesen werden müssen, dass sie diese gesondert beantragen müssen. Hannes ist überzeugt, dass sie nicht gezögert hätten, dies nachzuholen. Stattdessen blieb er weiterhin bei den Behörden und sonst überall ein „Kind unbekannter Herkunft".

Wieder steht Hannes vor der Frage, wie es weitergegangen wäre, wenn in dieser Phase alles korrekt gehandhabt worden wäre. Der Gedanke treibt ihn um, dass seine leibliche Mutter tatsächlich nach ihm gesucht hat. Und immer wieder sagt er sich auch, dass es ja doch für ihn und seine Adoptiveltern so am besten gelaufen ist.

Was mag Solveig gedacht und gefühlt haben, als sie einen Brief vom 2. April 1948 in Händen hielt, in dem sie folgendes las: „Man erhielt Nachricht von der Internationalen Flüchtlingsorganisation in Deutschland, dass ein Kind bei der deutschen Familie in Hohenpeißenberg am 3. November 1945 untergebracht wurde. Das Kind hatte ein Namensschild um den Hals, auf dem Otto Ackermann stand. Wir nehmen an, dass das Ihr Kind ist, und bitten um Erlaubnis zur Aufklärung. Sie müssen mitteilen, wann und auf welche Art das Kind nach Deutschland gekommen ist und ob Sie Ihre Einwilligung zur Adoption gegeben haben."

Solveig antwortet umgehend am 12. April 1948 und schreibt, dass sie nie eine Einwilligung gegeben habe, ihren Sohn nach Deutschland weiterzuschicken. Sie habe es zur Bedingung gemacht, dass er in der Nähe von Oslo bei Pflegeeltern untergebracht wird. In einem weiteren Brief vom 19. Mai 1948 fragt sie beim Sozialdepartement an, ob es üblich sei, die Übergabe von Kindern ohne jeden schriftlichen Vermerk zu vollziehen. Ihr Sohn sei nach seiner Geburt ohne Übergabe von Papieren an ein Kinderheim in Oslo weitergeleitet worden.

Der vorliegende, sehr sachlich gehaltene Schriftwechsel zum Fall Otto Ackermann/Johann Dollinger zwischen Solveig Wighus, dem Sozialdepartment Oslo, dem Norwegischen Roten Kreuz und der Flüchtlingsorganisation Deutschland erlaubt einen interessanten Einblick in die Arbeit der genannten Institutionen. Man kann sich kaum vorstellen, was die junge Mutter durchgemacht haben muss, als sie die Hoffnung auf ein Wiedersehen mit ihrem Kind Stück für Stück aufgeben musste. Aber da nun der Name der Mutter bekannt war, stand auch für das Ehepaar Dollinger wieder in Frage, ob sie den kleinen Buben behalten durften, nachdem sie ihn doch auf ihre Art ins Herz geschlossen und schon über zwei Jahre lang liebevoll versorgt hatten. Jetzt wollten sie ihn nicht mehr verlieren und bemühten sich deshalb um eine Einwilligung der Mutter. Zur sicheren Identifikation wurden Fotos ausgetauscht und verglichen.
Ein Fragebogen, in dem die Pflegeltern ausführlich Auskunft geben sollten, liegt bei. Darüber hinaus wird ein persönlicher Besuch in Hohenpeißenberg angeordnet, um die sozialen und wirtschaftlichen Verhältnisse, in denen das Kind lebt, zu prüfen. Die Mutter des Kindes könne dessen Rückkehr allerdings nicht fordern, da ihre finanziellen Verhältnisse dies nicht erlaubten.
Die finanziellen Verhältnisse! Nur weil sie die Reisekosten nicht tragen konnte, durfte er nicht zu seiner Mutter zurückkehren! Hannes durchleidet ein neues Wechselbad der Gefühle: Wie wäre sein Leben verlaufen, wenn sie das Reisegeld hätte auftreiben können? Es muss damals alles davon abgehangen haben, wie die Auskunft über die Situation im Schächen ausgefallen ist, denn viele Kinder sind ja zurückgeholt worden, ohne dass eine Nachfrage ihrer Mütter vorlag.

Das Norwegische Rote Kreuz, Außenstelle Hamburg, erhält einen Bericht über einen Besuch bei den Pflege-(Adoptiv-)eltern in Hohenpeißenberg, aus dem hervorgeht, dass der Junge sehr gut untergebracht ist, von seiner Familie geliebt wird, dass er nur leider bei dem Besuch zufällig nicht anwesend war, so dass man sich keinen persönlichen Eindruck verschaffen konnte. Merkwürdigerweise war er dann bei einem weiteren angesagten Besuch wiederum nicht zuhause ...

Auch Solveig wird vom Norwegischen Roten Kreuz persönlich besucht und muss dabei einen Kampf zwischen Gefühl und Vernunft bestehen. Sie sagt, dass sie ihr Kind wieder haben will. Gleichzeitig muss sie einsehen, dass sie seine Rückkehr aufgrund ihrer familiären und finanziellen Verhältnisse nicht fordern kann. Es wird ihr klar gemacht, dass sie nicht nur die Reisekosten von 250 Norwegischen Kronen zu tragen hätte, sondern dass ein Kind ja auch ernährt und gekleidet werden müsse. Bei einem Monatsverdienst von 40 Kronen könne sie das Geld nicht aufbringen. Dabei gibt man ihr immer wieder zu bedenken, dass ihr Kind in guten wirtschaftlichen Verhältnissen aufwachsen könne und dass es ihm bei den Pflegeeltern gut gehe. Vor allem aber die Einsicht, dass eine neuerliche Verpflanzung für den Jungen schwer zu verkraften wäre, muss sie schließlich zu der Einverständniserklärung und Freigabe zur Adoption bewogen haben.

Allerdings macht sie es noch zur Bedingung, die vollständige Adresse der Familie Dollinger zu bekommen, was auch geschieht. Bei der Flüchtlingsorganisation gibt es dazu eine Aktennotiz, in der die Frage aufgeworfen wird, ob es richtig war, ihr die Adresse zu geben. Ein Briefwechsel mit Dollingers kam zustande, von dem die Schwester Anna auch wusste. Auf Drängen der Adoptiveltern und des Sozialdepartement Oslo, sie möge so schnell wie möglich zu einer Entscheidung kommen, unterschreibt Solveig. Ihre Unterschrift auf der Erklärung wird von ihrer Mutter Hanna Wighus und der Schwester Anna Petersen am 20. Januar 1950 bestätigt.

Wie lange der Briefwechsel zwischen seiner Mutter und den Adoptiveltern aufrechterhalten wurde, konnte Hannes nicht genau klären. Von seiner norwegischen Tante Anna hat er später nur erfahren, dass seine Mutter noch bis zu seinem achten Lebensjahr Fotos von ihm erhalten hat. Dann sei sie höflich aber bestimmt gebeten worden, im Interesse des Kindes den Kontakt abzubrechen und keine weiteren Briefe mehr zu schreiben. Damals vertraten die Psychologen noch die Meinung, dass eine anonyme Adoption das Beste für alle Beteiligten sei. Solveig aber hatte nie aufgehört davon zu träumen, sie werde ihr Kind eines Tages wiedersehen.

Die Adoptiveltern haben das erforderliche Gesuch um Genehmigung beim Sozialgericht in Oslo nie eingereicht. Auch eine spätere Mahnung im Jahr 1959 wurde ignoriert. Laut Verfügung des Sozialdepartements wird die Akte Otto Ackermann–Johann Dollinger im Bezirk Telemark/Skien und im Reichsarchiv Oslo archiviert.

Kinder zwischen Norwegen und Deutschland

Kåre Olsen schreibt in seinem Buch „Schicksal Lebensborn", mit dem Untertitel „Die Kinder der Schande und ihre Mütter", dass die norwegischen Mütter ihre Kinder notgedrungen freigegeben und der Abteilung Lebensborn zur Adoption überlassen hatten. „Die meisten Kinder lebten eine Zeitlang in einem norwegischen Lebensbornheim, aber die Deutschen fürchteten, sie könnten sich zu typischen ‚Heimkindern' entwickeln, und wollten daher keinesfalls, dass ein Kind nach seinem zweiten Lebensjahr im Heim lebte. Daher drängte die Abteilung Lebensborn die Mütter zu einer Entscheidung über die Zukunft ihres Kindes. Sie konnten es zu sich nehmen, es für einige Zeit bei ihren Eltern oder anderen Angehörigen unterbringen oder in eine Pflegefamilie geben. War nichts davon möglich, machte es sich die Abteilung Lebensborn zur Aufgabe, das Kind zur Adoption zu vermitteln."

„Danach gab die Mutter die Rechte an ihrem Kind auf und überließ es der Abteilung Lebensborn, für das Kind eine ‚gute, ordentliche Familie' zu finden. Die meisten Kindsmütter erfuhren dann nichts mehr über ihr Kind, aber werden davon ausgegangen sein, dass es in eine norwegischen Pflegefamilie kommen würde, die das Kind eines Tages adoptieren würde. So waren viele Mütter völlig entsetzt, als sie nach dem Krieg erfuhren, dass man ihr Kind nach Deutschland gebracht hatte, damit es dort von einer deutschen Familie adoptiert werden konnte."

In Norwegen feierte man mit großem Jubel am 8. Mai 1945 die Befreiung von der deutschen Besatzungsmacht. Am 17. Mai konnte der Nationalfeiertag bereits wieder in Freiheit begangen werden. Die Besatzungszeit war in Norwegen relativ friedlich verlaufen.

Bei der Aufarbeitung nach dem Krieg kam es oft zu Überreaktionen, wenn es um die Beziehungen und Verflechtungen zwischen Norwegern und Deutschen ging. Nicht nur die als Deutschenmädchen bezeichneten Frauen hatten auf unterschiedliche Weise unter der Behandlung durch staatliche und kommunale Stellen zu leiden. Auch in den wirtschaftlichen und politischen Bereichen gab es Verflechtungen, die im Nachhinein genau untersucht wurden.

Schon während der deutschen Besatzungszeit wurde in Teilen der norwegischen Bevölkerung darüber nachgedacht, dass die „Deutschenmädchen" bestraft werden müssten. So hieß es schon 1941 in einer norwegischen Rundfunksendung aus London über die „Deutschenmädchen": „Solange die Deutschen die Herren im Lande sind, sind starke Repressalien von norwegischer Seite aufgrund der Umstände unmöglich. Aber Frauen, die die Deutschen nicht abweisen, werden ihr ganzes weiteres Leben dafür einen furchtbaren Preis bezahlen" (nach K. Olsen).

Und tatsächlich bezahlten viele der Frauen einen hohen Preis für ihre Liebe zu einem Deutschen. Ob sich die junge Mutter Solveig dieser allgemeinen Abrechnung entziehen konnte, ist nicht bekannt. Sie wird wohl nicht davon verschont geblieben sein. Bekannt ist, dass sie einige Jahre nach dem Krieg in Trondheim lebte, wo sich auch ihre Schwester Magda befand, die ebenso ein „Deutschenkind" hatte. Man kann sich vorstellen, dass sich die beiden Schwestern gegenseitig unterstützt haben und unzertrennlich waren.

Ihr Kind Otto Ackermann war eines der ungefähr 200 Kinder, die bereits während des Krieges aus Norwegen nach Deutschland geschickt wurden, wo der Lebensborn e.V. sie zur Adoption vermitteln wollte. Nach dem Krieg arbeiteten verschiedene norwegische Stellen darauf hin, diese Kinder zu finden und sie nach Hause zu holen. Es kam bei den oft schlecht organisierten Rückführungen der Kinder nach Norwegen mitunter zu chaotischen Zuständen. Sie sollten in Übergangsheimen bleiben, bis ihre Mütter sie zu sich nehmen würden oder Pflegefamilien gefunden wären. Dies erwies sich aber in vielen Fällen als aussichtslos, weil die „Deutschenkinder" im Norwegen der Nachkriegszeit vor allem als Problem empfunden wurden. Während der deutschen Besatzungszeit hatte sich dort sehr viel Abneigung aufgestaut und die norwegischen Mütter mit ihren „Kindern der Schande" boten ein Ventil, so dass es zu großen Ungerechtigkeiten kam. Erst ab 1948 prüften die Behörden genauer, ob es doch besser wäre, die Kinder bei ihren deutschen Pflegeeltern zu lassen. Der Grundsatz von Cecilie Murphy, die sich nach dem Krieg sehr für diese Kinder engagierte, wurde beherzigt: „Niemand hat das Recht, ein Kind aus seinem Zuhause zu holen, in dem es ihm gut geht, ohne sich zu bemühen, ihm dafür ein ebenso gutes Zuhause zu geben."

IDENTITÄTSPROBLEM

Zwei Sprünge

Als Hannes Dollinger in der Silvesternacht mit seiner Edith auf ein glückliches 1992 angestoßen hat, hätte er sich nicht träumen lassen, dass er noch einmal sein Leben würde umkrempeln müssen. In diesem Jahr 1992 hat er zwei entscheidende Sprünge gemacht, einen kleinen Sprung vorwärts und einen großen in der Zeit zurück. Sein fünfzigster Geburtstag, den er erst im nächsten Jahr zu feiern gedachte, war mit einem Satz um 15 Monate näher gerückt. Das konnte er mit Humor tragen und trotzdem feiern. Der Sprung in die Vergangenheit war der größere und folgenreichere, ein Sprung, bei dem ihm das Lachen noch ein paar Mal fast vergangen ist. Doch der Mut hat ihn nicht verlassen.

Wo steht er denn jetzt?

Nun, wie wir den Hannes inzwischen kennen gelernt haben, steht er mit beiden Beinen fest in der Gegenwart, da gibt es keinen Zweifel. Und er schaut mit offenen Augen das an, was er durch den Zeitsprung in die vierziger Jahre über sich erfahren hat. Das ist keine geringe Herausforderung, muss er sich doch damit auseinandersetzen, dass er in seiner Existenz vom ersten

Augenblick an bedroht und fremdbestimmt war. Bedroht schon gleich, überhaupt gar nicht in die Welt kommen zu dürfen, weil unerwünscht. Seine junge Mutter, in deren Leib heranzuwachsen ihm zwar sicherlich gut gefallen hat, konnte sich gar nicht über seine ersten Regungen freuen, denn sie musste mit Schwierigkeiten rechnen. Ein „lediges" Kind von einem deutschen Soldaten galt in Norwegen in doppelter Hinsicht als Schande. Von Anfang an werden nicht etwa nur seine Eltern, sondern allerlei Leute allerlei Vorschläge gemacht haben, was mit diesem „Kind der Schande" zu geschehen hätte und wie über es zu verfügen wäre, noch ehe es das Licht der Welt erblickt hatte.

Eine verbotene Liebe

Norwegen hatte sich im Zweiten Weltkrieg für neutral erklärt. Doch sowohl die Deutschen wie auch die Alliierten strebten die Beherrschung der norwegischen Küste an, weil über den Hafen von Narvik schwedisches Eisenerz nach Deutschland ausgeführt wurde. Nachdem die britische Marine norwegische Gewässer vor der Küste vermint hatte, erfolgte im April 1940 der deutsche Angriff, die so genannte „Weserübung", auf dem Landweg. Die norwegische Armee musste sich zurückziehen, kapitulierte aber erst nach zähem Widerstand im Juni 1940. Die königliche Familie und die Regierung gingen ins Exil nach London, Norwegen wurde durch ein Reichskommissariat von Deutschland aus verwaltet. Zwar wurde aufflackernder Widerstand von den Deutschen mit Härte bestraft, und bei der Versorgung mit Lebensmitteln und den Dingen des Alltags gab es oft Lücken. Doch zum größten Teil hat die norwegische Bevölkerung mit den politischen Veränderungen einigermaßen zurecht kommen können.

Solveig Wighus zögerte deshalb nicht lange, als sich im Frühjahr 1941 für sie eine Gelegenheit ergab, bei der deutschen Besatzungsmacht in Skien im Bezirk Telemark eine Arbeit als

Schneiderin anzunehmen. Sie war Anfang zwanzig, als sie dort einen lebenslustigen und freundlichen jungen Soldaten namens Otto Ackermann kennen lernte, der ihr gut gefiel.

Otto Ackermann hatte in seiner deutschen Heimat im Hessischen eine Malerlehre gemacht und in Darmstadt in einem größeren Betrieb gearbeitet. Bei Kriegsbeginn meldete er sich freiwillig. So kam er nach Norwegen, wo seine Kompanie die Stellung halten sollte.

Die beiden jungen Leute verliebten sich ineinander, ganz gegen jede Vernunft und Vorsicht. Und je mehr sie versuchten, die Sache geheim zu halten, umso heftiger wurde ihre Sehnsucht nacheinander, so dass sie, findig wie alle Verliebten, sich immer wieder an einem verschwiegenen Plätzchen trafen, wo sie beisammen sein konnten.

Als Solveig im Frühjahr 1942 feststellte, dass sie schwanger war, schwor Otto ewige Treue und Liebe und tröstete sie, nach dem siegreichen Ende des Krieges werde er kommen und sie und das Kind zu sich nehmen. Das hat er auch fest vorgehabt, und deshalb beschlossen die beiden, sofort einen Antrag auf Heiratserlaubnis zu stellen. Denn obwohl die Deutschen an den „nordischen" Kindern aus solchen Beziehungen interessiert waren, wurde der Wunsch nach Eheschließungen mit deutschen Soldaten durch hohe bürokratische Hürden möglichst abgeblockt. Sie wollten nur die Kinder haben!

Der Traum von einer glücklichen Familie ging für die jungen Leute nicht in Erfüllung. Otto musste noch in den letzten Monaten des Krieges sein Leben lassen, auf dem „Feld der Ehre", wie man das beschönigend zu umschreiben pflegte. Solveig dagegen geriet in Schande, und ihr Kind sollte seine Eltern nie kennen lernen.

Im Juli wurde Otto Ackermann nach Oslo versetzt, und Solveig, die inzwischen alle erforderlichen Papiere beisammen hatte, folgte ihm dorthin nach, denn sie wollten in einer Woche heiraten. Doch es kam alles anders. Otto hatte eine Auseinandersetzung mit einem vorgesetzten Offizier, weil er dagegen eingeschritten war, dass dieser sein Pferd quälte. Das genügte, um mit einer Strafkompanie an die Ostfront nach Russland abkommandiert zu werden, was fast einem Todesurteil gleichkam. Noch in der Nacht zum 9. August musste er Oslo verlassen, ohne dass er Solveig eine Nachricht hinterlassen konnte. Sie suchte ihn am nächsten Tag vergeblich. Von ihren Angehörigen verstoßen, befand sie sich jetzt in einer verzweifelten Lage.

Ganz allein, in schrecklicher Sorge um den Vater ihres Kindes, brachte sie einen Monat später, am 13. September 1942, einem Sonntag, im Rikshospital Oslo einen gesunden, hübschen Jungen zur Welt. In der evangelischen Krankenhauskapelle ließ sie ihn auf den Namen Otto Henrik taufen.

Bis Dezember 1942 konnte Solveig in dem Mütterheim Nordstrand in Oslo bleiben, und es ist anzunehmen, dass sie ihren kleinen Otto solange noch bei sich hatte. Dann musste sie bei der deutschen Wehrmacht wieder eine Arbeit annehmen, um ihren Lebensunterhalt zu verdienen, und brachte den Kleinen in das Kinderheim Godthaab bei Oslo.

Es mag wie ein rettender Strohhalm gewesen sein, als sie von der Möglichkeit erfuhr, ihr Kind in einem „gut geführten" deutschen Kinderheim unterzubringen. Für sie war es eine Übergangslösung, bis ihr Freund kommen und sie aus ihrer misslichen Lage befreien würde. Wie viele andere junge Norwegerinnen in ähnlicher Lage war auch sie völlig ahnungslos, dass die Kinder dort nach rassischen Kriterien und auf ihren Gesundheitszustand hin untersucht wurden. Sie sollten ja später im nationalsozialistischen Sinn erzogen und als „wertvolles arisches Blut" ins deutsche Volk integriert werden. Solveig wusste auch nichts davon, dass ihr Kind nicht mehr Otto Henrik Wighus hieß, sondern unter der Nummer L 1954 als Otto Ackermann registriert war.

Zweimal hat Solveig ihren kleinen Sohn in Godthaab besuchen können; als sie zum dritten Mal kam, durfte sie ihn nur noch durch eine Glastüre anschauen, wie er in einem Bettchen schlief. Vor dem Heim standen Wachsoldaten und ließen die Frauen nicht hinein; sie war nicht die einzige, die abgewiesen wurde.

Kann man sich die Verzweiflung einer jungen Frau vorstellen, die – in kurzer Zeit aus allen Bindungen herausgerissen, von den Eltern und Geschwistern verstoßen, ohne Nachricht von dem, den sie liebt und mit dem sie ein gemeinsames Leben aufbauen wollte, allein, ohne irgendeine menschliche Hilfe oder freundliche Unterstützung – nun begreifen muss, dass sie ihr neugeborenes Kind auch noch verloren hat?

Lange hat sie nichts von ihrem Freund gehört. Bei der Arbeit versuchte sie, durch Kameraden einen Kontakt zu ihm aufzubauen, endlich erfuhr sie seine Feldpostadresse und konnte ihm schreiben. Nach einem Jahr erhielt sie einen Brief, er wusste jetzt, dass er einen Sohn hatte. Und etwa ein Jahr bevor er in Lettland vermisst gemeldet wurde, hat er noch das Papier unterschrieben, womit er die Vaterschaft anerkannte. Die Tatsache aber, dass niemand seinen Tod bestätigen konnte, dass also Solveig lange nicht wusste, ob er noch lebte, hat alles für sie noch schwieriger gemacht. Ihre halbherzige Zustimmung, dass ihr Kind in der Nähe von Oslo in einer Pflegefamilie untergebracht werden dürfe, wobei sie sicher darauf rechnete, es später wieder zu sich holen zu können, ist gegen ihren Willen als Freigabe zur Adoption im Ausland ausgelegt worden.

Und damit nahm das Schicksal des kleinen Otto seinen Lauf. Solange die Nationalsozialisten in Norwegen noch das Sagen hatten, ließen sie ihn nicht aus ihren Fängen, denn er entsprach ganz dem begehrten „nordischen Typus": hellblond mit blauen Augen. Ideale Voraussetzungen für die „positive Auslese zur Auffrischung des germanischen Blutes"! Deshalb hielten sie ihn fest in ihren Lebensborn-Kinderheimen, anstatt ihn, wie der verängstigten Mutter versprochen, in eine Pflegefamilie zu geben. Ob dort nun deutsch oder norwegisch mit ihm gesprochen wurde, immer noch war er norwegischer Staatsbürger und hätte von seiner Mutter gefunden werden können.

Die erste Verwandlung begann nach knapp zwei Jahren, als ihm, wahrscheinlich ganz formlos, die deutsche Nationalität zugeschrieben worden ist. Sodann hat man ihn, obwohl der Krieg verloren war, in aller Eile noch „für Deutschland gerettet" und mit anderen Kindern im Sammeltransport auf Umwegen in ein Kinderheim nach Bayern gebracht. Dort verwandelte er sich, ohne dass er das Geringste davon wusste oder dazu beitragen konnte, in ein „Kind unbekannter Herkunft". Etwas später, als er anfing seiner selbst bewusst zu werden, fand er sich unter dem Namen Hannes Dollinger als das Kind eines Metzger- und Gastwirtsehepaares in Hohenpeißenberg, wo er inzwischen Bayerisch sprechen gelernt hatte.

Seelenspuren

Was hat das alles in einer frischen Menschenseele für Spuren hinterlassen? Staunend und wohl auch verunsichert stand Hannes seiner eigenen Lebensgeschichte gegenüber, als er mit seiner Recherche so weit gekommen war. Eins war ihm klar: Wenn er sich auch nicht mehr an seine ersten Jahre erinnern kann, so sind doch diese Eindrücke alle irgendwo in seinem Inneren gespeichert. Die abrupte Trennung von der Mutter, in der er herangewachsen war und deren vertraute Stimme, deren Geruch er vermisst haben musste, die ständig wechselnden Personen, die sich zwar um ihn gekümmert, ihn aber immer wieder verlassen hatten, die Kinder in den verschiedenen Kinderheimen, dann die für ihn unbegreifliche, lange Fahrt in einem Zug mit vielen fremden Kindern, wieder ein neues Kinderheim, eine fremde Sprache, wieder eine Zugfahrt, der Aufenthalt bei der Familie Balles, wo man ihn vorsichtshalber nur „Bübchen" nannte, wieder eine Zugfahrt. Eine junge Frau – die Leni –

bringt ihn in ein großes altes Haus, hinter dem ein hoher Berg aufragt, darin nur lauter Erwachsene, darunter zwei, zu denen er nun Mama und Papa sagen soll und die ihn nicht mehr Otto, sondern Hannes nennen. Wen wundert's, dass er eine Panikattacke erlitten hat, als wenig später die Leni mit ihm auf dem Schlitten den Berg hinunter zum Hohenpeißenberger Bahnhof gelaufen ist?

Alle diese Erlebnisse, das beängstigende Gefühl des Verlassenseins, des Ausgeliefertseins an fremde Menschen und Mächte – das alles hat er in sich angesammelt und versteckt, ja, richtig versteckt in einem dunklen, schwarzen Loch tief unten in seiner Seele. Als er spürte, dass er nun endlich irgendwo angekommen war, hat er wohl versucht, einen Deckel auf das schwarze Loch zu machen. Aber die frühen Erlebnisse und Empfindungen waren nie ganz weg, sie haben weitergewirkt und darauf gelauert, ans Licht zu kommen und einzugreifen in sein Leben, ihn traurig und mutlos und krank zu machen.

Fünfzig Jahre lang hat Hannes den Deckel drauf gehalten, und sogar mit Erfolg, denn seine zweite Verwandlung, heraus aus der Enge der Hohenpeißenberger Gastwirtschaft, ist ihm aus eigener Kraft gelungen. Ja, er hatte es wirklich geschafft und wahrscheinlich hätte er sein Leben friedlich so zu Ende leben können, ohne je zu wissen, wo er hergekommen war. Das war viel mehr, als die meisten seiner Leidensgenossen erreicht haben. Einer wissenschaftlichen Untersuchung über die Schicksale vieler Lebensbornkinder konnte er entnehmen, dass fast alle mehr oder weniger gescheitert sind in ihrem späteren Leben.

Deshalb spürt er durchaus auch große Dankbarkeit gegenüber seinen Adoptiveltern, die ihm eine behütete Kindheit und eine Heimat geschenkt haben. Und was sie an Wärme und Zuwendung nicht geben konnten, hat der kleine Kerl sich einfach geholt, wo er's kriegen konnte. Von der Emma vor allem, die immer für ihn Zeit hatte und die ihn wirklich liebte, von der Resi auch und von der Leni, von all den freundlichen Nachbarn, bei denen er aus- und einging, vom alten Opa Dollinger mit der speckigen Glatze, und natürlich von den Tieren, den Hunden und den Pferden, die in seiner Kinderzeit so wichtig für ihn waren. Auch der bierselige Jakob gehörte dazu, und die Schulkameraden, die alle wussten, was ihm selbst nicht bewusst war, die ihn aber als Freund angenommen haben, auch wenn er ein „Findelkind" war. Ebenso die Kameraden, mit denen er das Skifahren lernte – und überhaupt die Berge, wie sie ernst und ewig in allen Wettern dastanden und ihn herausforderten, seine Kräfte zu erproben.

Das alles hat ihm eine gute Grundlage gegeben, Festigkeit und Entschlusskraft, um Schicksalsschläge zu überwinden. Das größte Geschenk aber, das seine oberbayerischen Eltern ihm mitgegeben haben, ist und bleibt die kluge und treue Edith, die alles mit ihm getragen hat. Deshalb war ihm trotz allem bald klar, dass er nicht noch einmal ein anderer werden wollte, dass es keine Rückverwandlung mehr geben, dass er der Hannes Dollinger bleiben würde, der er nun einmal geworden war.

Neue Verwandtschaft

Und, ist die Geschichte jetzt aus? Das wäre wohl der Fall, wenn es ein Märchen wäre. Das wirkliche Leben geht ja immer weiter.

Es gibt noch einiges zu erzählen über Vorstöße in unbekanntes Terrain und in ein weit gespanntes Familiennetzwerk, über Anstöße, eine neue Sprache zu erlernen, und über Zusammenstöße mit der bayerischen Bürokratie, die zur Folge hatten, dass Hannes fast noch einmal seine Identität verloren hätte und eine weitere Namensänderung hinnehmen musste.

Im Oktober 1993 folgte Hannes einer Einladung der Brüder Ernst und Erich Ackermann nach Mühltal in Hessen. Dort wurde er sehr freundlich und nicht ohne Gemütsbewegung als ein neues Familienmitglied begrüßt und aufgenommen. Von seiner norwegischen Freundin hatte ihr gefallener Bruder Otto ja noch gesprochen, doch hatten sie niemals erfahren, dass aus der Beziehung ein Kind hervorgegangen war. Nun, nach mehr als fünfzig Jahren, muss dieser Besuch wie ein Gruß aus dem Jenseits für sie gewesen sein! Man lauschte gespannt, was Hannes über seine Nachforschungen zu erzählen wusste, und grub Erinnerungen an den toten Bruder aus. Ein prima Mensch sei er gewesen, fleißig im Beruf und von anständigem Charakter. Hannes hat das Gefühl genossen, jetzt zu dieser Familie zu gehören, die brüderlich-onkelige Umarmung beim Abschied hat ihn tief gerührt. Sein Vater muss wohl von oben zugesehen und sich gefreut haben!

Da er schon in der Nähe war, hat er bei Dr. Lilienthal in Mainz vorbei geschaut, wo es viel zu besprechen und zu klären gab. Die große Frage war ja nun für Hannes, wie er an die Stätte seiner Geburt gelangen und dort womöglich noch lebende Verwandte ausfindig machen könnte, um etwas mehr über seine Herkunft zu erfahren. Er bekam den Rat mit auf den Weg, eine vorsichtige Kontaktaufnahme zu dem späteren Ehemann seiner Mutter Solveig zu versuchen.

Doch damit hatte er zunächst kein Glück. Die Stadtverwaltung von Skien lehnte eine Vermittlung aus Datenschutzgründen ab, auch von dem deutschen Konsul, den sie daraufhin eingeschaltet hatten, kam eine Absage: Herr Johansen sei alt und krank und wünsche keine Verbindung.

Sein Referatsleiter im Büro, der viel Interesse an seiner Geschichte zeigte, riet Hannes, über seinen Münchner Ortspfarrer einen Kontakt zu dem katholischen Kollegen in Skien herzustellen. Angeblich ebenfalls aus datenschutzrechtlichen Gründen lehnte der jedoch jede Hilfe ängstlich ab, so dass Hannes verärgert seine Ehrenämter als Lektor und im Kirchenchor niederlegte. Der evangelische Pfarrer Gerhard Monninger, dem er dann seine Geschichte in groben Zügen erzählt hatte, sagte spontan seine Unterstützung zu. Über seinen Bruder, der jahrelang in Norwegen gelebt hatte, konnte er die Adresse eines evangelischen Pfarrers in Skien herauskriegen. Zusammen planten sie nun das weitere Vorgehen. Ein Brief in englischer Sprache wurde verfasst, in dem Hannes sich vorstellte und kurz die Ergebnisse seiner bisherigen Ermittlungen skizzierte. Besonders betonte er dabei, dass er keine materiellen, nur rein persönliche Interessen verfolgte. Mehrere Fotos aus verschiedenen Lebensabschnitten, auch eins aus dem Kinderheim in Godthaab, legten sie dem Schreiben bei.

Ende Januar 1994 ging der Brief an den Pfarrer in Skien ab. Am 10. April rief spät in der Nacht Pastor Kjell A. Rugkåsa aus Skien an, um von einem Besuch bei Herrn Johansen zu berichten. Er habe ihn von der Wichtigkeit seines Anliegens überzeugen können und die Erlaubnis erhalten, Hannes zu einem Besuch einzuladen! Aus dem auf Englisch geführten Gespräch ergab sich ferner, dass eben dieser Pfarrer drei Jahre zuvor die Beerdigung seiner Mutter geleitet hatte, und dass ihre Schwester Anna dort noch lebt und ihn gern sehen will, ebenso deren Kinder, seine Cousinen und Cousins.

Das waren aufregende Nachrichten!

Hannes hat in der Nacht kein Auge zugetan. Nun wollte er keine Zeit mehr verlieren, sofort begann er mit den Reisevorbereitungen. Er erstand eine Landkarte von Südnorwegen und trieb sogar Stadtpläne von Oslo und Skien auf. Zwei Flugtickets wurden bei der KLM gebucht und am Flughafen Fornebu ein Mietwagen bestellt.

Am 1. Mai 1994 ging die Reise los. Ediths Bruder Manfred, der in der Nähe von Köln mit seiner Familie lebt, hatte sich bereit erklärt, Vera und den kleinen Matthias bei sich aufzunehmen. Sie wollten die beiden nicht so lang alleine zurücklassen. Vom Flughafen Düsseldorf aus sollte der Flug über Amsterdam nach Oslo gehen.

Vorher machten sie über Mittag noch einmal Station bei Erich Ackermann in Mühltal, wo nun auch Edith die neuen Verwandten kennen lernen durfte. Der Empfang war auch diesmal wieder überaus herzlich. Beim Essen, zu dem noch Ernst dazu gekommen war, gab es eine allgemeine Verbrüderung.

Die erste Reise nach Norwegen

Dank sorgfältiger Vorplanung klappte anderntags alles bestens, der Leihwagen stand bei ihrer Ankunft am Flughafen Fornebu bereit, bei strahlendem Frühlingswetter fuhren Hannes und Edith durch die fremde schöne Landschaft im Oslofjord am Meeresufer entlang. Seine Aufregung musste Hannes zügeln, denn auf Norwegens Straßen gelten strenge Geschwindigkeitsregeln: 70 Stundenkilometer auf der Landstraße und nur 90 Kilometer auf Schnellstraßen!

Ihr erstes Ziel war Skien, die Hauptstadt im Bezirk Telemark mit etwa 50 000 Einwohnern. Dort angekommen, nahmen sie ein Zimmer im Hotel Høyer, ohne zu ahnen, dass genau dieses Haus während der Zeit der deutschen Besatzung von der Oberkommandantur der Deutschen Wehrmacht belegt war. Sollten dort noch ruhelose Nazi-Gespenster ihr Unwesen treiben, so konnten die ihnen nichts anhaben! Doch bei einem abendlichen Spaziergang durch die Stadt meinte Hannes fast körperlich die Anwesenheit seiner jungen Eltern zu spüren, wie sie damals in ihrer Verliebtheit miteinander durch diese Straßen gegangen sein mochten. Gut, dass Edith dabei war, die ihn behutsam wieder in die Gegenwart zurückholen konnte.

Am nächsten Morgen, es war der 3. Mai 1993, vormittags um 11 Uhr standen sie erwartungsvoll mit einem Blumenstrauß vor einem grün gestrichenen Mietshaus. Im ersten Stock klingelten sie bei dem Namen Riesto – Hannes wusste, dass Solveigs Schwester Anna erst vor kurzem Trygve Riesto geheiratet hatte.

Als die Tür aufging, stand eine ältere stattliche Frau mit weißen

Haaren und einem glatten rosigen Gesicht vor ihnen, schaute Hannes lange wortlos an und sagte dann mit ruhiger Stimme: „Du er en Wighus" – Du bist ein Wighus. Daraufhin schloss sie ihn in die Arme und drückte ihn fest an sich – Hannes ging kurzfristig unter in einer Woge überschießender Empfindungen.

Als er wieder auftauchte, entdeckte er neben seiner Tante deren Mann, „Onkel Trygve", der ihn ebenfalls herzlich begrüßte und der sich als äußerst hilfreich erweisen sollte, denn er sprach ganz gut Deutsch. Im Krieg war er als Dolmetscher tätig gewesen. Allerdings war das lange her, so dass er etwas aus der Übung war – bis zum Abend muss er ziemlich erschöpft gewesen sein von dem vielen Übersetzen hin und her.

Es gab Kaffee und Kuchen und Hannes musste seine Geschichte erzählen und viele Fragen beantworten. Annas Sohn Arne Petersen aus erster Ehe, sowie Arnt Wighus, ein weiterer Cousin, waren ebenfalls zu dem Familientreffen gekommen. Nach dem Kaffeetrinken führten sie die beiden in ihre Häuser und machten sie mit ihren Frauen bekannt. Zwei weitere Cousins kamen mit ihren Frauen gegen Abend dazu, zum Glück sprachen die beiden etwas Englisch, was die Verständigung erleichterte.

Die Familie Wighus erwies sich als sehr zahlreich – nur Solveig, die erst mit 41 Jahren geheiratet hatte, konnte keine Kinder mehr bekommen. Ob sie zu lange ihrem Otto nachgetrauert hat? Ihr Schmerz um das verlorene Kind muss umso größer gewesen sein. Wie traurig, dass ihr Sohn sie nicht mehr lebend angetroffen hat!

Es wurden Fotos herausgekramt, und Hannes' Lebenslauf musste immer wieder in allen Sprachen erzählt und besprochen werden. Es war ja auch für sie keine alltägliche Geschichte. Arnt Wighus, der sich als eine Art Wortführer der Familie entpuppte, bestand schließlich darauf, dass sie ihr Hotelzimmer kündigten und bei ihm ins Gästezimmer einzogen. Seine Frau Gjertrud, die überhaupt kein Deutsch konnte, hatte für ihren Empfang eigens den Satz einstudiert: „Herzlich willkommen in Norwegen!"

Arnt war es auch, der sie am nächsten Tag mit seinem Campingwagen auf eine Rundfahrt durch den Bezirk Telemark einlud. Dieser Bezirk gilt als besonders typisch für Norwegen, da er alle Erscheinungsformen der norwegischen Landschaft aufweist: im Süden die Schären und Sunde und das Meer mit den Holmen, im Norden die endlose Vidda, eine Hochebene mit schneebedeckten Gipfeln. Dazwischen fruchtbare Täler mit einsamen Dörfern, kleine und große Seen, Flüsse und Bäche mit Wasserfällen.

Besonders interessant war für Hannes der Besuch im Morgedal-Museum, am Ursprungsort des modernen Skilaufs, wo 1952 und dann später 1996 das Olympische Feuer für die Winterspiele entzündet und aufbewahrt worden ist. Bei der Stadt Rjukan in einem Tal zwischen hohen Bergen zeigte Arnt ihnen das Wasserkraftwerk, welches den Deutschen während des Krieges die Energie lieferte für Experimente mit Schwerem Wasser zur Herstellung der Atombombe. Das Unternehmen sei aber immer wieder sabotiert worden.

Am höchsten Berg in Telemark, dem 1980 Meter hohen Gaustatoppen, lag im Mai so viel Schnee, dass sie vor der Passhöhe umkehren mussten. Dafür gab es in Heddal noch eine schöne alte Stabkirche mit Holzschindeln und Drachenköpfen zu besichtigen.

Für den nächsten Tag war zuerst ein Besuch bei dem hilfsbereiten Pfarrer Rugkåsa eingeplant. Er sprach Englisch und sogar etwas Deutsch, so dass sie sich ganz gut mit ihm verständigen konnten. Hannes war beeindruckt von seiner Schilderung, er habe, als ihn die Anfrage seines Münchner Kollegen erreichte, sofort seinen Schreibtisch leergeräumt und sich gesagt: Das ist jetzt eine wichtige Aufgabe, da kann ich jemandem helfen!

Das Grab der Mutter

Dann fuhren sie weiter nach Gjerpen und besuchten auf dem Friedhof Solveigs Grab. Auf einem dunkelroten Granitstein stehen die Worte

Solveig Johansen

f. 29-2-1920   d. 3-3-1992

takk for alt

„Danke für alles" liest Hannes auf dem Grabstein seiner Mutter, die er nie gesehen hat. Ja, danke, denkt er mit einem Anflug von Bitterkeit, danke, dass ihr mich überhaupt habt leben lassen! Danke, dass sie ihr Kind hergeben, dass sie sich schämen musste, weil sie Mutter geworden ist! Danke, dass ich jetzt nichts anderes mehr für sie tun kann, als ein Rosenstöckchen auf ihr Grab zu pflanzen!

In der Munkgate wohnte der alte Herr Johansen in einem braunen Holzhaus. Pastor Rugkåsa hatte ihn auf den Besuch von Hannes und Edith vorbereitet, sie wurden eingelassen und begrüßt. Doch schien der sichtlich kranke Mann immer noch zu befürchten, dass Hannes Erbansprüche geltend machen würde. Ob sie ihn diesbezüglich beruhigen konnten, war nicht ganz klar, jedenfalls hatten sie den Eindruck, dass er froh war, als sie wieder gingen. Immerhin hat Hannes ein späteres Foto seiner Mutter geschenkt bekommen – und einen Eindruck davon mitnehmen können, wo und wie sie in ihrer letzten Lebenszeit gewohnt hat.

An einem Magenleiden ist sie mit 72 Jahren verstorben. Hannes konnte sich jetzt denken, woher er seinen empfindlichen Magen hatte!

Zurück in Skien wurden sie von weiterer zahlreicher Verwandtschaft in Festtagskleidung erwartet: Man hatte ein großes Familientreffen arrangiert. Hannes und Edith mussten viele neue Gesichter und Namen kennen lernen, alle hatten Blumen oder kleine persönliche Geschenke mitgebracht und stellten tausend Fragen. Es stellte sich heraus, dass Solveig zehn Geschwister gehabt hatte, von denen eins im Kindesalter gestorben war. Fünf Brüder und fünf Schwestern waren zusammen aufgewachsen, und sie hatten alle – außer Solveig – viele Kinder und Enkel. Es gab ein großes Festessen mit Rentierbraten und Heidelbeeren zum Nachtisch – dass Hannes keinen Fisch essen kann, hatte sich schon herumgesprochen! Arnt hielt eine feierliche kleine Rede, mit der er den neu gefundenen Cousin ganz offiziell in der Familie aufnahm. Onkel Trygve übersetzte, Hannes dankte ebenfalls in wohlgesetzten Worten für die überaus freundliche Aufnahme.

Und natürlich sprach man auch viel von der verstorbenen Solveig. Alle waren sich einig, dass sie eine liebenswerte und freundliche, auch eine sehr hübsche Frau war, mit guter Allgemeinbildung. Auf gute Umgangsformen und gepflegte Kleidung habe sie Wert gelegt. In der großen Familie war sie besonders bei den Kindern sehr beliebt, immer habe sie mit kleinen Geschenken genau das Richtige bei ihnen getroffen. Sie erzählte ihnen gern Geschichten und Märchen, konnte aber auch gut zuhören bei kleinen Sorgen und Nöten. Hannes freute sich besonders, als er erfuhr, dass seine Mutter eine schöne Stimme hatte und gut singen konnte.

Alle, die sie kannten, hätten sich oft gewundert, dass sie erst so spät geheiratet und keine eigenen Kinder bekommen habe. Die Geschichte von dem unehelichen Sohn wurde von den Geschwistern als Familiengeheimnis bewahrt. Es habe in der bürgerlichen Gesellschaft noch immer als Schande gegolten, umso mehr, als der Vater des Kindes ein Deutscher war. Er wäre als ein „lebender Beweis für Kollaboration und Fraternisierung mit dem Feind" gesehen worden. Nur mit ihrer Schwester Anna habe sie oft von ihrem verlorenen Sohn gesprochen, sich um ihn Sorgen gemacht und nie die Hoffnung aufgegeben, ihn doch eines Tages wiederzusehen.

Von einer Welle der Herzlichkeit und Vertrautheit getragen, wussten die beiden Familienneulinge kaum noch, wie ihnen geschah, und von dem Durcheinander der verschiedenen Sprachen schwirrte ihnen der Kopf. Aber sie waren sehr glücklich!

Die letzten Tage in Norwegen waren noch dicht gefüllt mit Eindrücken von der schönen norwegischen Landschaft. Mit ihrem Cousin Arnt fuhren sie in ein winziges Dorf in der Nähe von Luksefjell, woher ihre gemeinsamen Vorfahren stammten, eine arme Holzfällerfamilie.

In Skien zeigte Arnt ihnen das Geburtshaus von Henrik Ibsen, dem bedeutendsten norwegischen Dramatiker. Hier wird mit einem liebevoll ausgestatteten Museum die Erinnerung an diesen großen Sohn Norwegens wachgehalten.

Eine andere Cousine, die in Oslo lebt, führte die Gäste aus Deutschland dann zum Rikshospital, dem Reichskrankenhaus, in dem Hannes im September 1942 geboren worden ist, und nach Godthaab, wo das Lebensbornheim damals untergebracht war. Lange stand Hannes vor dem wunderschön an einem Waldhang gelegenen Gebäude, in dem er die ersten beiden Jahre seiner Kindheit verbracht hatte, doch kein Funke der Erinnerung blitzte auf. Trotzdem war es für ihn wichtig, sich ein ungefähres Bild dieser frühen Orte machen zu können.

Bei allen späteren Besuchen bei den norwegischen Verwandten gab es übrigens kaum mehr Verständigungsschwierigkeiten für Edith und Hannes. Sie hatten bei der Volkshochschule in München Norwegisch-Kurse belegt und fleißig gelernt!

Auf den Spuren des Vaters

Anfang 1996 kam Hannes in einer anderen Rolle wieder nach Norwegen. Das japanische Fernsehen hatte sich bei Dr. Lilienthal gemeldet, man wolle einen Dokumentarfilm machen über das Thema Lebensborn im Dritten Reich und suche eine Person mit einem entsprechenden Lebenslauf. So kam es, dass seine Geschichte fürs japanische Fernsehen nachgezeichnet wurde. Das deutsche Redaktionsteam hatte gut recherchiert und einen Plan ausgearbeitet, welche Orte gezeigt werden sollten, auch waren Gesprächspartner ausfindig gemacht worden, die sich an die Kriegszeit noch erinnern konnten.

In Oslo traf er auf Turid, deren Lebensbericht er mit so viel Anteilnahme gelesen hatte. Sie hatte ein Foto mitgebracht, auf dem sie beide im Kinderheim mit einer Kinderschwester und anderen Kindern nebeneinander stehend gut zu erkennen sind. Gemeinsam wurden sie in Godthaab, der Stätte ihrer frühesten Jahre, gefilmt und befragt. Ein Gefühl der Verbundenheit war schnell zwischen ihnen entstanden, zumal Turid Erinnerungsreste an die deutsche Sprache hatte aktivieren können. Der Kontakt zwischen ihnen ist seither nicht mehr abgerissen.

Besonders wichtig wurde es für Hannes, dass das Filmteam auch den Spuren seines Vaters nachgegangen ist. Ein erstes Treffen war mit dessen Bruder Erich in Mühltal bei Darmstadt verabredet. In Traisa, einem nahegelegenen Dorf, war Otto Ackermann mit seinen sechs Geschwistern in einem Haus aufgewachsen, das fast unverändert noch dasteht. Am Ortsrand gelegen, wird es heute als Feuerwehrstation genutzt. Es muss eine glückliche Kindheit gewesen sein, obwohl die Familie nicht mit Reichtümern gesegnet war. Der Vater hatte als Weißbinder in Darmstadt eine Arbeitsstelle, dorthin ist dann später auch Otto nach abgeschlossener Malerlehre täglich die 25 Kilometer mit dem Fahrrad gefahren. Ein schneidiger Bursch sei er gewesen, der Otto, ein Draufgänger in jeder Hinsicht. Mit 21 Jahren habe er sich freiwillig zur Wehmacht gemeldet. Von Dezember 1940 bis August 1942 war er in Norwegen stationiert, zuletzt in Oslo, bis zu seiner Strafversetzung ins Wehrmachtsgefängnis in Anklam, wegen dieser Auseinandersetzung um das Pferd. Man hatte seine Reaktion als einen tätlichen Angriff auf einen vorgesetzten Offizier beurteilt.

Allerdings war er bei seiner Dienststelle schon vorher unliebsam aufgefallen wegen seines beharrlichen Bestehens auf einer Heiratserlaubnis mit einer Angehörigen des besetzten Norwegen. Kollaboration und Spionage für den Feind könnten dahinter stecken, so wurde vermutet. Letztlich führte dies alles zu einer Versetzung in ein Strafbataillon im Einsatzgebiet Russland.

Drei Brüder Ackermann, Ernst, Erich und Otto, waren an der Ostfront eingesetzt, nur Otto ist nicht mehr heimgekommen. Am 29. September 1945 kam die letzte Feldpost von ihm aus Frauenburg in Lettland. Der Vater Adam Ackermann gab am 8. August 1950 eine Vermisstenanzeige auf beim Suchdienst Rotes Kreuz, ohne Ergebnis. Am 27. Januar 1971 wurde er für tot erklärt. Am Familiengrab in Traisa ist eine Erinnerungstafel für Otto Ackermann angebracht.

Der Besuch mit dem Filmteam bei einem ehemaligen Feldwebel, der den Lettland-Feldzug mitgemacht hatte, brachte für Hannes die erschütternde Erkenntnis, dass es immer noch Menschen gibt, die dieser Zeit nachtrauern und die auch heute noch bereit wären, „für Volk und Vaterland" – und für den „Führer" – in den Krieg zu ziehen! Leider konnte dieser Ewiggestrige sich an nichts Genaues erinnern, auch nicht an den Ort, wo die Schlacht bei Frauenburg stattgefunden hatte.

Man besuchte auch das ehemalige Lebensbornheim Sonnenwiese in Kohren-Salis. Es ist heute ein Heim für mehrfach behinderte Menschen. Hier erfuhr Hannes, dass die damalige Oberschwester, Frau Wittmann, ein sehr strenges Regiment im nationalsozialistischen Sinn geführt hat. Sie hatte eine ausgesprochene Machtposition inne und war bei dem gesamten Personal gefürchtet. Im Heim gab es bestimmte Tage, an denen interessierte Paare kommen und sich ein Kind zur Adoption aussuchen konnten. Dafür wurden alle Kinder in einem Raum versammelt, wo sie möglichst vorteilhaft präsentiert werden sollten. Es soll dabei zu herzzerreißenden Szenen gekommen sein. Einige Kinder drängten sich vor, während andere versuchten, sich im Hintergrund zu verstecken, um möglichst nicht bemerkt zu werden.

Nach langem Zögern konnte das Filmteam auch Frau Wittmann selbst zu einem Interview bewegen. Sie war nach wie vor überzeugt, nur das Beste für die ihr anvertrauten Kinder getan zu haben. Bis zuletzt seien die Heime mit allen Dingen des täglichen Bedarfs gut versorgt worden. Sie berichtete, dass oft Anforderungen anderer Lebensbornheime vorlagen, die Kinder für adoptionswillige Ehepaare benötigten. Dabei wurden die Kinder als Ware bezeichnet und man sprach von Warenversand. Nicht nur Hannes machte dieser Sprachgebrauch betroffen!

Was ein Filmteam bewirkt

Auch in Berlin gab es weitere Aufklärung, bei der Wehrmachtsauskunftsstelle (WAST) war ein Termin vereinbart. Dort hatte jemand bereits eine Chronik der Aufenthalte von Otto Ackermann während des Krieges vorbereitet und jede Menge Unterlagen bereitgestellt. Hannes staunte nicht schlecht, was das Auftauchen eines Filmteams bewirken kann, denn eine frühere Anfrage von ihm war nur sehr dürftig beantwortet worden.

Aus den Unterlagen ergab sich nun eine Erklärung, weshalb Otto sich so lange nicht mehr bei Solveig gemeldet hatte. Die Strapazen in dem Strafbataillon müssen furchtbar gewesen sein, denn Otto lag von März bis Juni 1943 wegen völliger Erschöpfung in einem Lazarett bei Smolensk. Infolge unzureichender Ernährung litt er an chronischer Dünndarm- und Magenschleimhautentzündung, außerdem sind Erfrierungen an Händen und Füßen behandelt worden. Offensichtlich war er auch nach seiner Entlassung aus dem Lazarett noch lange nicht voll einsetzbar, denn bis Juli 1944 war er in seine Stammkompanie nach Deutschland zurückbeordert. Während dieser Zeit konnte er mit Solveig wieder Kontakt aufnehmen, am 14. Februar 1944 hat er die Vaterschaftsurkunde für sein

Kind unterschrieben. In dieser Zeit traf er auch zufällig in Bonn zum letzten Mal seinen Bruder Erich, von dem er jetzt erfuhr, dass er zu derselben Stammkompanie gehörte. Da erzählte er von seiner norwegischen Freundin und von Heiratsabsichten, aber von einem Kind war nicht die Rede.

Nach dieser „Bewährungsfrist" ist Otto dann im Juli 1944 wieder einer normalen Infanteriedivision zugeteilt worden, die sich in Staraja Russa südlich des Ilmensees in Nordrussland in Abwehrkämpfen befand und bei Rückzugsgefechten schließlich nach Riga kam. Die deutschen Truppen räumten die Stadt am 13.12.1944 und zogen sich weiter nach Kurland zurück. Ab 13. Januar unterstand Otto dem 3. Grenadier-Regiment 552 und war im Raum Frauenburg, dem heutigen Saldus, eingesetzt, bis er am 9. Februar als vermisst gemeldet wurde. Die Zahl der Gefallenen, Vermissten und Verwundeten auf deutscher Seite allein in der sog. 4. Kurland-Schlacht wird auf mehr als 13 000 Menschen beziffert.

Am Ort des Geschehens

Da, wo im Russlandfeldzug 1944/45 einige der grausamsten Schlachten des Zweiten Weltkriegs getobt hatten, sollte jetzt auch gefilmt werden. Am 25. Januar 1996 ging der Flug vom Flughafen Tegel in Berlin nach Riga, der Hauptstadt von Lettland mit einer knappen Million Einwohnern, zwei Drittel davon Russen. Auf Hannes hat damals alles noch einen sehr verwahrlosten Eindruck gemacht, besonders auf dem Land, wo die Russen in der Minderheit waren, war viel Armut zu sehen. Doch sind ihnen die Menschen sehr freundlich und hilfsbereit begegnet und haben Verständnis gezeigt, als sie den Grund ihrer Reise erfuhren.

Das ehemalige Kampfgebiet von Frauenburg/Saldus liegt etwa hundert Kilometer südwestlich von Riga auf dem weiten, flachen Gebiet im Süden der Stadt. Wälder und Felder soweit das

Auge reicht, nur vereinzelte Bauernhöfe, eine eintönige Landschaft. Man führte sie im Wald an eine Stelle, wo Schützengräben und ausgebaute, relativ gut erhaltene Stellungen, ein paar zerbombte Häuser und viele Granatenlöcher zu erkennen waren. Sogar ein zerstörtes ehemaliges Lazarett wurde ihnen gezeigt, die Deutschen hätten das Gehöft beschlagnahmt und zur Versorgung der Verwundeten eingerichtet. Eine ältere Frau, deren Hof sich in der Nähe befand, erzählte, dass sie für die deutschen Offiziere gekocht, gewaschen und ihre Sachen geflickt habe. Den Soldaten sei es schlecht gegangen, viele seien erfroren in dem schrecklichen Winter, während sie im Schützengraben vor Kälte, Hunger und Angst schlotternd auf den nächsten Angriff warteten. Für 500 Meter Landgewinn mussten sie eine Woche lang kämpfen, nur um in der nächsten Woche mit großen Verlusten wieder zurückgeworfen zu werden. Manche hätten Selbstmord verübt, um nicht den Russen in die Hände zu fallen. Gefangene seien von den Russen auf Schiffe verfrachtet und im Meer versenkt worden.

Die stille Einsamkeit und Friedlichkeit dieser Landschaft stand in einem merkwürdigen Gegensatz zu der Vorstellung, wie einst hier Geschützdonner, Kampflärm, Schreie der Verwundeten, Schmerzen, Leid, Verzweiflung und qualvolles Sterben geherrscht hatten. Und alles völlig sinnlos!

Bedrückt und fröstelnd stand Hannes herum, stellte sich vor, dass der letzte Tag seines jungen Vaters im Februar 1945 ein ebenso kalter Wintertag gewesen sein musste. Er bückte sich nach der Hülse einer Handgranate, fand einen kaputten Spaten, den er nachdenklich betrachtete, als der Filmproduzent ihn fragte, was er denn empfinde.

„Mit dem Spaten haben sie ihre Unterstände und Schützengräben ausgehoben", sagte er, „man konnte aber auch ein Grab damit schaufeln für einen toten Soldaten."

Spielende Kinder hatten immer wieder Knochen von den gefal-

lenen Soldaten gefunden. Inzwischen ist der Deutsche Kriegs-
gräberbund mit Ausgrabungen hier aktiv geworden und hat in
der Nähe einen Soldatenfriedhof errichtet. Und erst vor wenigen Monaten hat Hannes die Nachricht erhalten, dass der Soldat Otto Ackermann anhand seiner Nummer einwandfrei iden-
tifiziert worden und bestattet worden sei. Es gibt also jetzt ein
Grab für seinen Vater.

Kampf mit den Behörden

Im Oktober 1993 hatte Hannes erneut bei der Gemeindeverwaltung in Hohenpeißenberg vorgesprochen um mitzuteilen, was
er inzwischen über seine Identität erfahren hatte. Die Standes-
amtaufsicht in Weilheim-Schongau wurde informiert und angewiesen, sich mit der Regierung von Oberbayern wegen seiner
Personenstandsangelegenheit in Verbindung zu setzen. Hannes
wollte nun endgültig darüber Klarheit haben, was im Geburten-
buch des Standesamtsregisters der Gemeinde Hohenpeißenberg
über ihn vermerkt ist. Im August 1992 hatte er nämlich auf
Anfrage von dort eine Kopie seines Geburtseintrages erhalten.
Erstaunt musste er zur Kenntnis nehmen, dass die Regierung
von Oberbayern am 2. Juni 1959 folgende Verfügung angeordnet hat, die mit Datum vom 10. Juni 1959 in das Standesamtsregister eingetragen worden war:

*„In Hohenpeißenberg ist ein Kind betroffen worden, dessen Per-
sonenstand nicht festgestellt werden konnte. Als sein Geburtsort ist Hohenpeißenberg, als sein Geburtstag der 3. Dezember
1943, als Familienname Dollinger und als Vornamen Johann
Baptist Alexander bestimmt worden."*

Im Randvermerk stehen Angaben über die Adoption und die
Adoptiveltern.

Beim Amtsgericht Schongau wurde am 5. Februar 1946 der
Großvater Benedikt Wagner als Vormund für Otto Ackermann
bestellt, und am 15. März unterschrieben die Pflegeeltern Alex-

ander und Katharina Dollinger die Absichtserklärung, das Kind zu adoptieren, und stellten einen Antrag auf Befreiung von der Vorschrift zum Mindestalter, nämlich Vollendung des 50. Lebensjahres. Heute ist das Adoptionsrecht übrigens umgekehrt auf ein Höchstalter von 40 Jahren beschränkt.

Interessant für Hannes war indes die Tatsache, dass seine Adoption schon nach knapp fünf Monaten rechtswirksam geworden ist. Am 7. August 1946 wird der Vertrag eingetragen und bestätigt, übrigens auch von dem damaligen kommissarischen Landrat in Schongau, Franz Josef Strauß. Innerhalb eines halben Jahres wird aus dem Kind Otto Ackermann das „Kind unbekannter Herkunft" und erhält den Namen Johann Baptist Alexander Dollinger.

Dass die Adoptveltern über den richtigen Namen offiziell Bescheid wussten, beweist der IRO-Bericht mit dem Deckblatt vom 28.08.1947. Hier heißt es: „Nationalität unbekannt, kommt von Norwegen oder Polen." Dr. Fendt berichtete mit einem Schreiben vom 26.11.1946 an das Amtsgericht Schongau über die norwegische Lebensbornherkunft von Otto Ackermann bzw. Johann Dollinger. Darüber hinaus hatten sie Hannes bei seiner Ankunft in Hohenpeißenberg am 3. November 1945 im Einwohnermeldeamt als Otto Ackermann angemeldet. Dieser Name wurde später nach der Adoption mit Johann Baptist Alexander Dollinger überschrieben.

Erstaunlich war auch das Datum der Eintragung im Jahr 1959. Hatte er nicht in seiner Adoptionsurkunde vom 7.8.1946 gelesen, dass der amtierende Notar mit der Erwirkung des Eintrags in das Standesamtsregister beauftragt worden war? Ganz offensichtlich ist dies, aus welchen Gründen auch immer, damals nicht erfolgt. Aber warum ist die Regierung von Oberbayern dann im Jahr 1959 tätig geworden? Bis dahin war niemandem aufgefallen, dass er nirgends standesamtlich registriert war. Weder in Hohenpeißenberg noch sonst irgendwo in Deutschland.

Jetzt fiel Hannes ein, dass er mit 16 Jahren, also 1959, seinen Ausweis beantragt hatte, den er auch ohne weitere Verzögerung im März 1959 erhalten hat. Dass da als Geburtsort München eingetragen war, störte ihn damals nicht. Er wusste ja mittlerweile, dass er als „Findelkind" galt, und er meinte, dann ist es wohl egal, was da steht. Als er aber im Mai 1964 seinen Reisepass verlängern ließ, stellte er fest, dass man den Geburtsort gemäß einer Verfügung der Regierung von Oberbayern vom 2. Juni 1959 nach Hohenpeißenberg verlegt hatte. Offensichtlich war anlässlich seines Antrags auf Ausstellung eines Ausweises aufgefallen, dass er nicht registriert war. Dass auch ein „Findelkind" einmal einen Ausweis braucht, hatte all die Jahre niemand bedacht. Zudem erfolgte der Eintrag dieser Änderung im Reisepass erst im Jahr 1964 anlässlich der Verlängerung. Wieder wurde also einfach über ihn verfügt, ohne mit ihm darüber zu sprechen.

Aufgrund dieser Überlegungen ist Hannes überzeugt, dass eine Behauptung des Herrn Regensburger, ehemals Staatssekretär im Bayerischen Innenministerium, nicht richtig sein kann. In einem Brief vom 10.4.1994 an den Präsidenten des Bayerischen Landtags hatte er geschrieben: „Der lange Zeitraum zwischen dem Adoptionsbeschluss des Amtsgerichts Schongau im Jahr 1946 und der Anordnung der Reg. v. Oberbayern im Jahr 1959 deutet darauf hin, dass die Regierung seinerzeit intensive Nachforschungen angestellt hat, die aber, wie der Geburtseintrag zeigt, vergeblich geblieben sind."
Die Frage drängt sich auf, ob wirklich intensive Nachforschungen über seine Herkunft vor der Eintragung ins Standesamtsregister erfolgt sind. Inzwischen wusste Hannes ja, dass spätestens seit 1948 alle Unterlagen über seine Identität beim Suchdienst des Deutschen Roten Kreuzes zu finden waren. Die Regierung von Oberbayern, als zuständige Behörde, hätte bei intensiver Nachforschung wissen müssen, dass sie dort anfra-

gen kann. Hier waren Unterlagen über ein „Kind unbekannter Herkunft namens Johann Baptist Dollinger, auch bekannt unter Otto Ackermann" archiviert. Das hat die bayerische Regierung nicht intensiv erforscht, denn sonst würde ein entsprechender Schriftwechsel bei seinen Unterlagen beim Roten Kreuz vorliegen. Auch beim Amtsgericht Schongau lagen schon seit 1946 wohlverwahrt Informationen über seine Identität, die offensichtlich niemanden interessiert haben.

Hannes erschien diese Behandlung seines Personenstands durch die Behörden recht bürokratisch und willkürlich. Hat man dort nur die verwaltungstechnische Seite gesehen und nicht die menschliche Tragweite für ein Leben bedacht? Aber jetzt wollte er der Sache auf den Grund gehen!

Dass er dadurch erneut in ein Mahlwerk der Verwaltung mit vielen Irrwegen geraten würde, konnte er nicht ahnen.

Die wegen des späten Eintrags merkwürdig erscheinende Verfügung der Regierung von Oberbayern war in Hohenpeißenberg nicht auffindbar. Deshalb wandte er sich mit der Bitte um Übersendung einer Kopie davon an die Regierung von Oberbayern. Nach drei Monaten erhielt er mittels einer unpersönlichen Kurzmitteilung die Auskunft, dass dort Personenstandsurkunden nur zehn Jahre lang aufbewahrt und anschließend vernichtet werden. Da er bisher der Überzeugung war, dass solche Urkunden nie vernichtet werden, zumal wenn es sich um nicht ganz geklärte Fälle handelt, hat ihn das ziemlich erstaunt. Welch eigenartiges Zusammentreffen: Bei der Regierung von Oberbayern ist die Verfügung bezüglich des Eintrags seines Personenstands vernichtet worden und in Hohenpeißenberg ist sie nicht auffindbar!

Wiederum auf dem Umweg über Frau Wohlleben hatte Hannes im September 1993 vom Norwegischen Roten Kreuz seine Geburtsurkunde aus Oslo erhalten. Welch ein kostbares Dokument für ihn! Mit diesem in der Hand sprach er mit einigem Stolz auf seine erfolgreiche Arbeit in eigener Sache erneut in der

Gemeindeverwaltung von Hohenpeißenberg vor, teilte mit, was er inzwischen über seine Identität erfahren hatte, und bat um Berichtigung seines Geburtseintrages im Standesamtsregister.

Aber so einfach, wie er dachte, war das nun nicht – darüber musste er sich jetzt belehren lassen. Erst einmal müsse die Regierung von Oberbayern informiert werden, um eine entsprechende Verfügung zu erwirken, und am Ende müsse er einen neuen Ausweis und Pass beantragen. Im weiteren Verlauf wurde seine deutsche Staatsangehörigkeit in Frage gestellt, was unmittelbare Auswirkungen auf seinen Beamtenstatus haben würde. Und was war dann mit seinen Kindern und seinem Enkel Matthias? Waren sie dann auch keine deutschen Staatsbürger mehr? Allmählich wurde ihm ganz schwindlig!

Zwei verschiedene Geburtsurkunden

Wenigstens jetzt wollte Hannes alles richtig beurkundet haben, und dafür war ihm keine Arbeit zu viel. Immer noch dachte er, dass seine „Personenstandssache", wenn schon nicht unbürokratisch, so doch relativ einfach und schnell abgewickelt werden könnte. War er doch inzwischen als Deutscher mit deutschem Pass fast 50 Jahre alt geworden, hatte seinen Wehrdienst pflichtgemäß geleistet, seine Steuern pünktlich bezahlt, sich an die Gesetze gehalten, war zum Wählen gegangen und nicht zuletzt Bundesbeamter geworden. Deshalb nahm er an, dass sein Fall weiter keine Probleme bereiten würde. Da hatte er sich aber sehr geirrt! Der Sachbearbeiter bei der Regierung von Oberbayern meinte, dass er so einen Fall noch nie bearbeitet habe und sich erst gründlich in die Akte einlesen müsse – wozu er dann tatsächlich ungefähr zwei Jahre brauchte!

Er war übrigens nicht der einzige, den Hannes mit seiner „Personenstandssache" behelligen musste. Auch beim Petitionsausschuss des Bayerischen Landtags ging der Fall zwischen Ausschuss und Innenministerium hin und her und zog sich ebenfalls über knapp zwei Jahre hin. Von Hilfe keine Spur, und auch ein Rechtsanwalt, der mit dem historischen Hintergrund nicht vertraut war, konnte nichts erreichen.

Fast dramatisch wurde die Situation für Hannes aber in seiner eigenen Behörde, die er über das Ergebnis seiner Nachforschungen informieren musste. Denn nur mit einer eindeutig festgestellten deutschen Staatsangehörigkeit konnte er weiter als Bundesbeamter arbeiten. Dabei hatte er das Glück, bei seinem unmittelbaren Vorgesetzten auf Interesse und Anteilnahme zu stoßen. Doch gab es auch hier, wie überall, Bürokraten, die über die anzuwendenden Paragraphen nicht hinausblicken konnten. Gern erinnert er sich aber an einen Juristen, der ihn in seinem Büro hinter seinem Schreibtisch stehend empfing und in der einen Hand die deutsche Geburtsurkunde mit dem Geburtsdatum 3.12.43, in der anderen die norwegische mit Geburtsdatum 13.9.42 schwenkte. Mit ironischem Grinsen fragte er: „Welche ist nun die richtige?" Er hatte sich aber genau über das Thema Lebensborn informiert und äußerte sich verständnisvoll, dass es für jeden Menschen wichtig sein müsse, seine Identität zu klären und seine Wurzeln aufzufinden. Für die entstandene Verwirrung könne er ja wirklich nichts.

Da sich alle mit der Bearbeitung seiner Staatsangehörigkeitsfrage so lange Zeit ließen, wurde Hannes seitens der Leitung seiner Behörde eines schönen Mittwochs zu einer Entscheidung bis Freitag derselben Woche aufgefordert. Er könne wählen, ob er in der Behörde weiter als Angestellter arbeiten, oder seinen Dienst kündigen wolle. Als Beamter sei er nun auf jeden Fall vom Dienst suspendiert, weil er ja offenbar kein Deutscher sei. Vergeblich verwies Hannes darauf, dass noch keine endgültige Entscheidung gefallen sei. Das könne man nun nicht länger abwarten, hieß es kurz und knapp. Jetzt wurde es richtig ernst!

Staatenlos?

Im Kreisverwaltungsreferat München forderte man ihn am 5. Juli 1995 auf, seine Ausweise sofort abzugeben, was Hannes entsetzt ablehnte. Sollte er als ein Staatenloser durch alle Maschen fallen? Auf seinen heftigen Protest hin wurde ihm gnädig eine allerletzte Frist von sechs Monaten gesetzt, nach der er unaufgefordert seine Ausweise abzugeben habe, sollte er bis dahin die deutsche Staatsangehörigkeit nicht nachweisen können.

Vorsichtshalber hat Hannes sofort in Oslo angefragt, ob er die norwegische Staatsangehörigkeit noch besitze. Umgehend erhielt er die beruhigende Nachricht: *„Wenn sich herausstellt, dass Sie nicht die deutsche Staatsangehörigkeit erworben haben, und zwar auch nicht dadurch, dass Sie von einem deutschen Ehepaar als Kind angenommen wurden, haben Sie folglich nie Ihre norwegische Staatsangehörigkeit verloren und sind daher als norwegischer Staatsbürger anzusehen."*

Gott sei Dank! Also wenigstens staatenlos wären er, seine Tochter und sein Enkel nicht geworden.

Dass er aber nicht mehr als Deutscher registriert war, wurde ihm unmittelbar und schmerzlich bewusst, als er bei einer anstehenden Wahl, im Gegensatz zu Edith, keine Wahlbenachrichtigung erhielt. Und das ihm, der seit seiner Volljährigkeit an jeder Wahl teilgenommen hatte und immer politisch interessiert war! Manche schlaflose Nacht hat ihn dieser ungeklärte Zustand gekostet.

In seiner Bedrängnis verfiel Hannes auf eine ungewöhnliche Idee. Schließlich war er ja Bundesbeamter und sein oberster Dienstherr folglich der Bundesminister des Innern. Er verfasste also ein Schreiben an den damaligen Amtsträger Manfred Kanther und bat ganz offiziell auf dem Dienstweg um seine Hilfe bei der Erteilung der deutschen Staatsbürgerschaft und der nachträglichen „Heilung" der Ernennung zum Beamten. So heißt der einschlägige Fachausdruck für die Wiedereinsetzung eines zu Unrecht aberkannten Beamtenstatus. Und tatsächlich:

Kanther hatte offenbar die menschliche Tragweite und den historischen Hintergrund des Falles erkannt und schaffte rasch Klarheit. So erlangte Johann Dollinger im November 1995 die deutsche Staatsangehörigkeit und wurde wieder in das Beamtenverhältnis eingesetzt.

Bei seiner Tochter Vera verfuhr man einfacher, sie bekam die deutsche Staatsbürgerschaft nach ihrer Mutter Edith. Ihr 1991 geborener Sohn Matthias, der in der Zeit zur Welt gekommen ist, als seine Mutter nach neuestem Erkenntnisstand Norwegerin war, wurde förmlich eingebürgert.

Letzter Abschied von Hohenpeißenberg

Die Behörden taten sich unglaublich schwer bei der Bearbeitung dieses ungewöhnlichen Falles. Es war ihnen anscheinend unmöglich, die geschichtlichen Hintergründe zu begreifen, obwohl Hannes immer wieder darauf hingewiesen hatte.

Seine Verfassung war entsprechend. Zwei lange Jahre zwischen Entsetzen, Wut und völliger Niedergeschlagenheit hin- und hergerissen, durchlebte er ein Wechselbad der Gefühle. Seine Kollegen nannten ihn im Spaß nur noch „Norweger", doch ihm war der Spaß vergangen. Einmal, als er den Kaufvertrag für ein neues Auto unterschreiben sollte, kam er in die größte Verlegenheit, weil er seine Identität nicht nachweisen konnte. Hieß er nun Johann Dollinger – oder Otto Ackermann?

Wären da nicht die wunderbaren Erlebnisse mit den neu gefundenen Familien väterlicher- und mütterlicherseits gewesen, er wäre oft fast verzweifelt.

Doch niemals hat er es bereut, den steinigen Weg in seine Vergangenheit angetreten zu haben. Dankbar denkt er an die Menschen, die ihm dabei geholfen haben, so besonders an die gute Emma, die sich die Entscheidung, ihm ihr lange gehütetes Geheimnis anzuvertrauen, nicht leicht gemacht hatte. Damit war der erste und wichtigste Schritt getan. Noch längere Zeit hat sie sich trotzdem mit Zweifeln gequält, ob sie richtig gehandelt hat, vor allem als sie sah, in welche Turbulenzen ihr Hannes damit geraten war.

Ein Cousin aus der Ackermannfamilie, der unbedingt die Frau kennen lernen wollte, die ihm überraschenderweise einen neuen Verwandten beschert hatte, konnte sie endlich beruhigen, als er mitsamt seiner Familie nach Hohenpeißenberg kam, um sie zu besuchen. Jetzt ließ sie sich davon überzeugen, dass Hannes wirklich glücklich war. Offenbar ist es für einen Menschen leichter, eine schwierige Geschichte als keine Geschichte zu haben.

Als Hannes im November 1998 die Nachricht erhielt, dass Emma kurz vor ihrem 90. Geburtstag ganz plötzlich verstorben ist, war er froh und erleichtert, nicht nur, weil ihr ein Siechtum erspart geblieben ist, sondern auch beim Gedanken daran, dass sie mit sich im Reinen war. Bis zuletzt war sie geistig völlig klar gewesen. Hannes hat ihr einen lobenden und dankbaren Nachruf geschrieben, der am Grab von dem Priester verlesen worden ist. Ein letztes Stück Heimat in Hohenpeißenberg war damit für immer verloren.

Dankbar denkt er an die Menschen, die ihm bei seiner Suche geholfen haben. Diese Erfahrungen waren es, die ihm die Kraft gaben, die vielen Hindernisse zu überwinden, um seine Identität zu finden.

Der Name muss geopfert werden

Dr. Lilienthal war auch jetzt bereit, ihm in der Frage seiner Nationalität zu helfen. In einer Stellungnahme, die eigentlich zur Weiterleitung an Staatsekretär Regensburger gedacht war, die aber vom Anwalt dann nicht verwendet wurde, schrieb er:

„Staatssekretär Regensburger übersieht auch, dass er mit seiner Rechtsauskunft eine Lawine lostritt: Es leben in der Bundesrepublik noch Kinder, die im Krieg aus Norwegen,

Polen, Jugoslawien und der Tschechoslowakei aus rassischen Gründen nach Deutschland verschleppt wurden. Ihre Zahl ist unbekannt, könnte aber leicht die Hundert, wenn nicht sogar die Tausend übersteigen. Zum Teil kennen sie bis heute ihre Herkunft nicht oder haben sie erst vor wenigen Jahren in Erfahrung gebracht. Nach dem Beispiel von Herrn Dollinger verlieren sie alle ihre deutsche Staatsangehörigkeit, wenn sie ihre wahre Identität ermitteln oder diese den deutschen Behörden bekannt wird. Wie Herrn Dollinger wird ihnen also zum zweiten Mal von deutschen Behörden die Identität geraubt. Daher muss man allen Personen, die in Folge des Zweiten Weltkrieges keine Kenntnisse über ihre Eltern besitzen, abraten Nachforschungen anzustellen, denn es ist von vornherein nicht auszuschließen, dass sie als Ausländer geboren wurden. Sie erlitten dann dasselbe Schicksal, das jetzt Herrn Dollinger widerfährt. Es ist schon ein sehr eigenwilliger Beitrag, den Herr Staatssekretär Regensburger zur Erinnerung der Opfer der NS-Gewaltherrschaft 50 Jahre nach ihrem Untergang leistet."

Gegen Ende des Jahres 1995 – der ultimative Termin, an dem Hannes seine Papiere hätte abgeben müssen, war schon in bedrohliche Nähe gerückt – erhielt er Nachricht vom Kreisverwaltungsreferat: Die Voraussetzungen für seine Wiedereinbürgerung seien geschaffen.

Allerdings sah man sich nun auf dieser wichtigen Behörde anscheinend genötigt, für die erheblichen Anstrengungen, die dieser Fall von ihnen gefordert hatte, ein gewisses Opfer zu verlangen. Es wurde ihm mitgeteilt, dass vor dem Vollzug seiner Einbürgerung eine Namensänderung durchgeführt werden müsse. Es sei notwendig, dass er seinen ursprünglichen Vornamen Otto wieder annehme. Danach könne er nach Wunsch ja wieder eine Namensänderung auf seine bei der Adoption erhaltenen Vornamen beantragen.

Eine Begründung für diese teure Umständlichkeit konnte niemand liefern. Eine Namensänderung ist bekanntlich mit erheblichen Kosten und vieler Mühe verbunden, weil sämtliche Papiere und Adressen bei allen Institutionen geändert werden müssen. Besonders schwierig wurde es bei der Bank und bei seinen Versicherungen, wo Hannes mühsam zu erklären hatte, weshalb außer einem neuen Geburtsdatum auch noch ein neuer Vorname einzutragen war.

Erleichtert, als deutscher Staatsbürger bestätigt und einigermaßen heil aus der ganzen Geschichte herausgekommen zu sein, hat Hannes die unbegreifliche Maßnahme akzeptiert und schließlich auf eine erneute Namensänderung verzichtet. Doch so leicht hat er sich nicht daran gewöhnt, von nun an Otto zu heißen. Der Vorname, das spürte er deutlich, ist zu sehr ein Teil der eigenen Person, als dass man ihn ohne weiteres austauschen könnte.

So kommt es, dass Johann Baptist Alexander Dollinger seit dem November 1995 offiziell Otto Dollinger heißt. Das steht so in seinem Ausweis. Für seine Freunde, für Verwandte und Bekannte, vor allem aber natürlich für seine treue Edith, ist er der Hannes geblieben. Und für halboffizielle Gelegenheiten, zum Beispiel, wenn er sich auf die Suche macht nach jemandem, der seine Geschichte aufschreibt, hat er noch eine andere Fassung gefunden: dann stellt er sich vor mit dem Namen „Johann Otto Dollinger". Und unter diesem Namen als Arbeitstitel ist dieses Buch entstanden.

FOTOS UND DOKUMENTE

Der Gasthof "Schächen" um 1940 (oben) und 1960. Rechts oben auf dem Berg neben der Kirche steht das ehemalige Schulhaus.

Klassenfoto der 7. Klasse,
1956 – 48 Schüler und ein
Lehrer. Hannes steht in der
2. Reihe ganz rechts.

Hannes als Musikant.

Hochzeit mit Edith am 17. Mai 1965.

Der Gasthof nach dem
Umbau, 1970.

Die Mutter als Wirtin.

Hannes mit Tochter Petra, 1968.

Die Adoptiveltern von Hannes:
Katharina und Alexander
Dollinger. Foto 1965.

Emma Richter, die 1992 Edith das
Familiengeheimnis um den Namen
von Hannes anvertraute. Foto 1997.

Ein Teil der Familie Wighus, der norwegischen Familie von Hannes'
„leiblicher Mutter". Foto etwa 1940. Seine Mutter ganz links in der
ersten Reihe.

Das frühere Lebensborn-Heim Godthaab bei Oslo,
heute Rehazentrum. Foto 1996.

Auskünfte über das Leben des Vaters bei der Wehrmachtsauskunftsstelle (WASt), mit Herrn Schönemann, 1996.

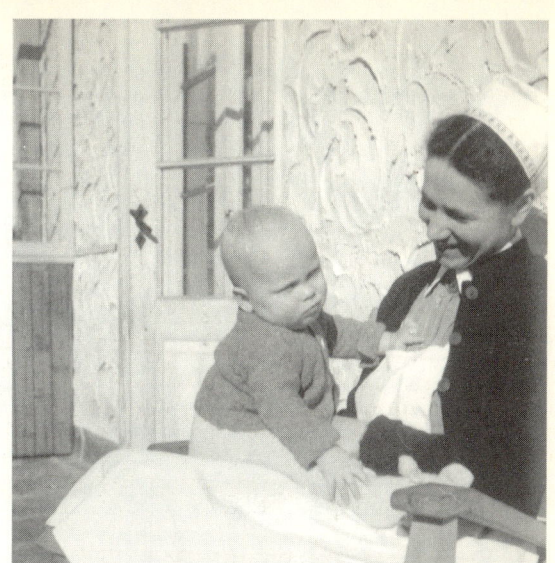

Hannes als Baby
im Lebensborn-
Heim Godthaab
bei Oslo.
(Das Foto erhielt
er im August
1993 vom Reichs-
archiv in Oslo.)

Hannes als Kleinkind ↑ im Lebensborn-Heim Kohren-Salis in
Sachsen, hier zusammen mit Turid Ormseth.

Foto des Vaters Otto
Ackermann als Soldat,
ca. 1941.

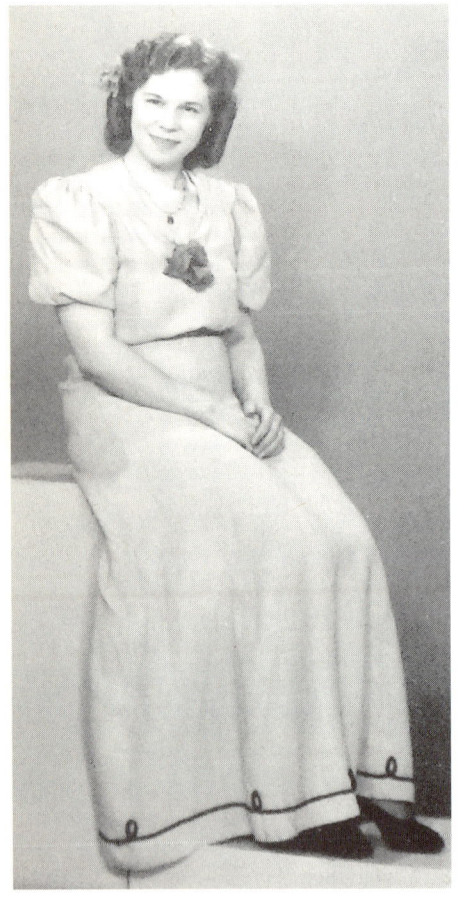

Die Mutter Solveig Wighus,
fotografiert als werdende
Mutter, 1942.

Die Familie der Mutter Solveig
Wighus (verh. Johansen) konnte
Hannes erst kurz nach ihrem Tod
aufspüren.

KOPI

O.U.   14.Februar   44
_____ , den _____ 19 __

Feldpostnummer 44 130 = Standort Kdtr 241
(44/45) / Anklam

F.G.L. n/44

Gegenwärtig:

Heeresjustizinspektor Brackelow in
Kriegsgerichtsrat als Richter.
selbständiger Wahrnehmung der Geschäfte gem.Artikel 1
§ 1 (3) des Gesetzes über freiwillige Gerichtsbarkeit in
der Wehrmacht i.d.F. vom 27.8.1942 (RGBl.1942 I S.541).

In der Vormundschaft über _____ Otto W i c h u s

erschien der _____ Grenadier Otto A c k e r m a n n

Dienststelle Feldpostnummer ⚡ 38 976 H   Stamm Kompanie
i. Deutschland

geboren am   8.Juni 1918   in   Rsibech bei Dieburg /Hessen

ledig – verheiratet xx verwitwet x

Kinder (Zahl und Alter): _____ keine

Name, Stand und Wohnort der Eltern:

Vater: Adam Otto A c k e r m a n n , Weissbinder, Treise b.Darmstadt
Ludwigstrasse 87.

Mutter: Margarete geb. Kern, Ehefrau in Treisa b.Darmstadt,Ludwigstr
87
durch
Die Persönlichkeit des Erschienenen wurde den Uffz. Georg Duwendack,der sein Soldbuch
Nr. 23, der 4./Batt.Flak Abt.I/111 vorzeigt, ausgewiesen.

Der Erschienene erklärte: Ich erkenne an, der Vater des von der   Solveig W i c h u s , wohnhaft
in Gardermoen /Norwegen

am 13.September 1942 geborenen unehelichen Kindes namens   Otto W i c h u s

_____ zu sein und als solcher kraft des Gesetzes verpflichtet zu sein, für
das Kind den der Lebensstellung der Mutter entsprechenden Unterhalt zu gewähren.

Ich bin   deutscher _____ Staatsangehöriger, geboren am   8.Juni 1918

in   Rsibech b.Dieburg/Hessen   Religion: evangelisch

Mein Vater   Adam Otto Ackermann   ist am   26.August 1888

in   Rsibech/Hessen _____ , meine Mutter   Margarete

geborene   K e r n _____ am   2.Juli 1889

in   Heubach/Hessen _____ geboren.

Mein Vater ist   evangelischer   Religion, meine Mutter   evangelischer   Religion.

v. g. u.   Otto Ackermann Grenadier.
Brackelow, Heeres-Justizinspektor

Nr. 411
Vaterschaftsanerkennung.
Verlag Franz Vahlen, Berlin C/1440

Anerkennung der Vaterschaft durch Otto Ackermann 1944.

E r k l ä r i n g
" "

       Jeg - Solveig Wighus - erklärer herved som mor
til Otto Ackermann (Johan Baptist Dollinger) at jeg samtykker
i at han blir adoptert av sine nåværende pleieforeldre, herr
og fru Dollinger, Gasthaus Schachen, Hohen-Peissenberg 32
1/3 L.K. Schongau, Tyskland.

Skien , den **25-1-1950**

Solveig Wighus
underskrift

Det bevitnes at underskriveren er
identisk med Otto Ackermanns mor:

Fm. Anna Pedersen f.d. Munch gt 62 Skien
Underskrift

Hanna Wighus bos Gjerpen
Underskrift

Die Mutter, Solveig Wighus, bestätigt 1950 ihr Einverständnis mit der
Adoption ihres Sohnes durch das Ehepaar Dollinger.

B

Nr. *20*

Hohenpeißenberg, den *10. Juni* 19 *59*

wohnhaft

Ehefrau des

wohnhaft in

hat am _____ um ____ Uhr ____ Minuten

in

ein _____ geboren. Das Kind hat ____ Vornamen

erhalten.

Eingetragen auf ~~mündliche~~ ~~schriftliche~~ Anzeige

~~persönlich bekannt~~ ~~ausgewiesen durch~~

Dieser Bildabzug bestehend aus *1* Blatt
ist gleichlautend mit dem Originaleintrag im
Personenstandsbuch des Standesamts Hohenpeißenberg nach dem heutigen Stande.

Hohenpeißenberg, den *26.08.1992*

Der Standesbeamte

~~Vorgelesen, genehmigt und unterschrieben~~

Der Standesbeamte

1. Eheschließung der Eltern
   Geburt der Mutter   am _____ in _____

   Standesamt und Nummer
   Das Familienbuch wird geführt in _____

2. Eheschließung des Kindes mit *Edith Hildegard Demmel*
   am *17. Mai 1965* in *Hohenpeißenberg Nr. 3/1965*
   Standesamt und Nummer

3. Tod des Kindes am _____ in _____

   Standesamt und Nummer

4360   Walter König, München 13

Amtliche Nachforschung 1959: Der „Personenstand" von Hannes
kann nicht festgestellt werden, als Geburtstag und -ort wird der
3. Dezember 1943 in Hohenpeißenberg bestimmt. Die Adoption durch
Familie Dollinger am 22. November 1946 wird bestätigt.

152

Das Norwegische Reichs-
archiv (Riksarkiv) in Oslo
übersandte Hannes 1996
diese Kopie, aus der sein Ge-
burtstermin 13.9.1942 und
eine sog. Übersiedlung nach
Deutschland am 10. Oktober
1944 hervorgehen.

Akten-Nr.	K. V. (Alter / Fam.stand)	W. Teile 1	K. M. (Alter / Fam.stand)	Heirat (Beab. / Durchg.)	Übersiedlung n. Deutschld. (Vorges. / Erfolgte)	Wo Aufnahme Obendlt.	Voraustl. Entbdgstr.	Geburt	Knabe Mädel Zwillg.	Tot oder Frühg.
1054	24 led. W.H	22 led. ja		ja 10.10.44	Thinarsting Thismark Vestmark		13.9.42 H.		

dgs.-sten	Wirtl. Beihilfe	Still- bezw. Berggeld (Beab. / Erfolgte)	Vaterschafts-Anerkenng.	Gerichtl. Entschdg.	M. V. 2	Meldg. der Schwangsch.	Arbeitsverm. (Erfordl. / Erfolgte)	Adoption der Pflegest. (Beab. / Durchg.)	Sonstiges
		ja 14.2.44			W.H.				4 C A W

L E B E N S B O R N - C H I L D

D O L L I N G E R Johann Baptist vel A C K E R M A N N Otto

born on the 12th of September 1942 at Lebensbornheim GOTHAB, NORWAY ?

FIRST DISPLACEMENT: unknown

SEPARATION FROM PARENTS: unknown

MOVES AND CHANGES :
Beginning 1945   From Dist.Posnan-Poland to STEINHÖRING
Summer 1945   From Steinhöring to Neubiberg, then to Munich with
                    Helga BALLES
3rd of November 45 to Hohen-Peissenberg with family Dollinger

INFORMATION RE
FAMILY   Adopted on August 7th 1946 at Amtsgericht Schongau,
by Mr. and Mrs. DOLLINGER. (Adoptions Book No.662)
at notary Dr. Hans Schulze.
According to Miss BALLES'statement the child had-
-when she got it - a sheet of paper on his neck with
the name ACKERMANN Otto.

LANGUAGES :   German

DOCUMENTS :   None(see attached letters found in Amtsgericht Schon

SCHOOL RECORDS : Too young

PLANS :   Adoptive parents are ready to give up the child if
proved that it is stolen or if parents found.

REMARKS :   Miss Helga BALLES who is now living at Munich-Bogenhau
Am Priel 14, was during our visit at Hohen-Peissen-
berg with family Dollinger for her school holidays.
According to her statement she went in summer 1945 for
an excursion from Munich to Neubiberg, where she stays
over-night at a Childrens Rest Center run by civilian
sisters. The day before her arrival at Neubiberg a tra
port of about 15 children from 2-3 yrs. old came from
Steinhöring thereto. (AS WE KNOW THERE WAS THE CENTRA
H.Q.of LEBENSBORN ORGANISATION IN STEINHÖRING DURING
THE WAR.) The Superintendent of the children's Home
gave her the boy to take to Munich, giving her at the
same time an address where the boy had to be delivered
and fostered. When arrived at Munich,Miss Helga Balles
was looking everywhere for the people,but without re-
sult. the house was totally destroyed,nobody of the
neighbours knew them. So she took the child along to
her parents'home and they kept it for three months.
They reported it to Jugendamt, Munich and asked there
to make an investigation as to the past of the child.
The "Landesführsorgerin" Miss FRIES (?) found out that
these 15 children were brought with a transport from
Wartheland,Poland, to Steinhöring, where, as she said,
they were put into Children's Homes under the supervi-
sion of SS.
One day a nurse from Jugendamt Munich came to family
Balles'house and said, the child be assigned to family
Dollinger at Hohen-Peissenberg, L.K. Schongau.
Mr.and Mrs. Dollinger state that they got the child
on November 3rd 1945. As they did not know anything
about it, they asked a physician to estimate approxi-
mately its age. It was baptised on Dec.3rd 1945 being
then about 2 yrs. old, according to the physician's
statement.

The child was reported by Amtsgericht Schongau as
being of German nationality, born in Norway. The fos-
ter parents did not know anything about Norwegian
origin of the child, so I contacted Amtsgericht Schongau and found there two letters about this case. Copies
and translation attached.

```
The letters are written by so called "Berufsvormund"
(professional guardian) Dr. Fendt in Munich. They are
self explanatory.
Dates about birthplace and birthdate are taken from
these letters.
Notice :
─According to Miss Balles' statement the Superinten-
dant of the childrens home at Neubiberg told her that
in some instances the sheets of paper hung on the
necks of children were changed during the trip, so
their names were changed too. Therefore it is possible
that the child Dollinger is not "former" Ackermann Ott
If he were Ackermann Otto we should qualify him to
Norwegian nationality, as the evidence found in Amts-
gericht Schongau indicates it. But on the other hand
if we consider that his "neck-sheet" might have been
changed, and he does not look like a child 5 yrs. old,
and phisician estimated his age for about 2 yrs of age
in December 1945─ and he came  with a Lebensborn trans
port from Polish territories─ he may be Polish as well
Therefore I qualified him to the category doubtful:
Norwegian or Polish.
```

Zusammenfassung der IRO von Informationen aus dem
Amtsgericht Schongau, des Ehepaars Dollinger und von Helga
Balles vom 28. August 1947
(siehe auch deutsche Übersetzung S. 80-82 in diesem Buch).

Eine lange Suche hat zum Ziel geführt: Hannes und Edith Dollinger beim entspannten Winterurlaub in Norwegen.

NACHTRAG

Im Frühjahr 2007 erschien im Institut für Zeitgeschichte in München ein Mann namens Johann Otto Dollinger und informierte sich über Literatur zum Thema „Lebensborn". Meine Tochter, die dort als Bibliothekarin arbeitet, hat ihm gezeigt, wo entsprechende Veröffentlichungen zu finden sind, worauf er überraschend die Frage stellte: „Gibt es hier im Haus jemand, der meine Geschichte schreiben kann? Ich bin nämlich selbst ein ehemaliges Lebensbornkind." Meine Tochter hat ihn zu sich ins Büro gebeten und ihm erklärt, dass so etwas im Institut nicht vorgesehen sei. Aber, setzte sie hinzu, fragen Sie doch mal meine Mutter, die könnte das vielleicht übernehmen!

So kam es, dass bald danach das Ehepaar Dollinger mit dicken Aktenordnern und zahlreichen Fotoalben bei mir im Zimmer stand und zu erzählen begann. Mein anfängliches Zögern wich rasch neugierigem Interesse für eine ungewöhnliche Geschichte, die mit Dokumenten, Bildern und früheren Aufzeichnungen zu belegen ist. Es darf kein Roman werden, betonte Hannes Dollinger, alles muss genau der Wahrheit entsprechen. Aber es solle auch kein trockener Bericht sein, denn schließlich wolle er damit möglichst viele Leser ansprechen, vielleicht auch Menschen mit einem ähnlichen Schicksal ermutigen, sich dem zu stellen, wie er das getan habe.

So war es meine Aufgabe, die Form und Sprache für eine individuelle Lebensgeschichte zu finden, die als ein Stück Zeitgeschichte das 20. Jahrhundert widerspiegelt und gleichzeitig zu den Menschen, die darin vorgestellt werden, passen soll. Als Erzählerin habe ich versucht, die Emotionen und Beweggründe hinter den Ereignissen zu erfassen und ebenfalls wiederzugeben. Auch die eigene innere Anteilnahme wollte und sollte ich nicht verbergen, ohne freilich selbst als Person in Erscheinung zu treten. Im Prozess des Schreibens habe ich immer wieder von den beiden Dollingers Zustimmung, aber auch Korrekturen und neues Material abgeholt, so dass das Buch in enger Abstimmung mit ihnen entstanden ist. Besonders gefreut habe ich mich über die wiederholte Bestätigung von Hannes Dollinger, dass er in dieser Schilderung nicht nur alles gut wiedererkannt, sondern sogar manches erst richtig verstanden habe, was ihm selber noch nicht klar gewesen sei. Als das Manuskript druckfertig vorlag und die letzten Korrekturen gelesen und besprochen waren, ist Hannes Dollinger unerwartet erkrankt und nach kurzer schwerer Leidenszeit am 15. Mai 2008 verstorben. Er hat sein Buch nicht mehr in der Hand gehabt – aber er wusste, dass sein Auftrag in seinem Sinn ausgeführt wird.

Zu ihrer großen Enttäuschung muss indessen seine Witwe Edith noch einmal den Kampf mit den Behörden aufnehmen. Um an die ihr zustehenden Renten- und Versorgungsbezüge zu kommen, muss sie innerhalb einer gesetzten Frist eine Sterbeurkunde vorlegen. Aber Namen und Geburtsdaten auf ihrer Heiratsurkunde stimmen nicht mit dem Personalausweis ihres verstorbenen Mannes überein. Die Gemeindeverwaltung in Hohenpeißenberg hatte die notwendigen Eintragungen in seiner Personenstandssache nicht vorgenommen, wurde aber dann nach Aufforderung durch die Regierung von Oberbayern tätig.

Ich bin Hannes und Edith Dollinger sehr dankbar für das Vertrauen und für die bewegenden Erfahrungen, die ich in unserer gemeinsamen Arbeit machen durfte und hoffe, einen kleinen Beitrag dazu geleistet zu haben, dass vielleicht anderen ehemaligen „Lebensborn-Kindern" wenigstens im Alter etwas von der Rücksichtnahme und dem Respekt zuteil wird, die sie schon seit 60 Jahren verdient hätten.

Augsburg, Ende Mai 2008

Annegret Lamey

Annegret Lamey im Wißner-Verlag

Annegret Lamey (Hg.)
Irgendwie überleben
Von Sibirien nach Deutschland: Ein Bericht

Im Mittelpunkt dieser zweisprachigen Veröffentlichung steht das Schicksal einer Wolgadeutschen und eines Ukrainers, die von den Sowjets nach Sibirien verschleppt, von ihren engsten Familienangehörigen getrennt und jahrzehntelang in Arbeitslagern festgehalten worden sind.

ISBN 978-3-89639-574-0   *14,80 €*

Annegret Lamey
Marie ist zu ausgelassen
Aus dem Tagebuch einer Stetten-Schülerin 1871-72

Authentische Schilderung des Internatsalltags um 1870 in Augsburg, mit Bezügen zur Gegenwart.

ISBN 978-3-89639-458-3   *9,80 €*

Annegret Lamey
Aufs falsche Pferd gesetzt

Spannende Familiengeschichte einer Augsburgerin mit Blick auf die deutsche Zeitgeschichte. »Bemerkenswerte erzählerische Qualitäten.« (IfZ)

ISBN 978-3-89639-418-7   *14,80 €*

"Ein bewegendes
Zeitdokument gegen
das Vergessen"
Kath. Sonntagszeitung

"Ein großartiges
Denkmal für die
Figur des Vaters der
Erzählerin, seinen
selbstverständlichen
Mut und seine
Geradlinigkeit, die ihr,
ihrem Kind und ihrem
Mann das Überleben
ermöglichte."
Das schöne Allgäu

Anna Maria Wrzesinski

Es darf nicht sein!

**Der Bericht einer Allgäuer Magd
über eine lebensgefährliche Liebe**

aufgezeichnet von Erdmuthe von Baudissin

Anna M. Wrzesinski

Es darf nicht sein!

Der Bericht einer Allgäuer Magd über eine lebensgefährliche Liebe

Anna Wrzesinski lebte als junge Magd im Allgäu,
als sie 1943 wegen ihrer Liebe zu einem polnischen
Zwangsarbeiter verhaftet wurde. Er war der Vater
ihres Kindes. Sie überlebte die Qualen im KZ Ra-
vensbrück, ebenso ihr Geliebter, der nach der Hölle
von Dachau wieder zu ihr kam. Aber die Schrecken
der NS-Zeit wirken bis heute in ihr nach.

ISBN 978-3-89639-599-3   9,80 €
Wißner-Verlag